Verftegnieke

Verftegnieke
'n praktiese gids

Johan de Villiers • Len Straw

HUMAN & ROUSSEAU
Kaapstad Pretoria Johannesburg

Ons wil graag vir Plascon bedank vir 'n ruim
borgskap wat die publikasie van dié boek
moontlik gemaak het.

Die boek word met dank aan
Anne van Zyl opgedra.

Kopiereg © 1996 deur Johan de Villiers en Len Straw
Eerste uitgawe in 1996 deur Human & Rousseau (Edms.) Bpk.
Stategebou, Roosstraat 3-9, Kaapstad
Afrikaanse vertaling deur Annelene van der Merwe
Fotografie deur Juan Espi en Len Straw
Tipografie en bandontwerp deur Etienne van Duyker
Teks elektronies voorberei in 10 op 14 pt Ultima Light
Kleurreproduksie deur CMYK, Kaapstad
Gedruk en gebind deur Colorcraft, Hongkong

0 7981 3534 4

Geen gedeelte van hierdie boek mag sonder skriftelike verlof
van die uitgewer gereproduseer of in enige vorm of deur enige
elektroniese of meganiese middel weergegee word nie, hetsy
deur fotokopiëring, plaat- of bandopname, vermikrofilming of
enige ander stelsel vir inligtingsbewaring

Inhoud

Voorwoord van die borg   7
Voorwoord   8

Inleiding   11
Kleur   17
Blou   25
Blou/wit   29
Blou/groen   33
Groen   37
Oker   41
Rooi   45
Terracotta   49
Neutrale kleure   53
Wit en goud   59
Swart en wit   63
Marmerwerk   67
Klipafwerking   75
Vloerteëls   79
Veroudering   85
Kopergroen   89
Karetwerk   95
Malagiet   99
Vergulding   103
Lapis lazuli   107
Krakiesafwerking en krakeluur   111
Sjablonering   115
Staatmakers   122
  Sponswerk   122
  Kwaskamwerk   125
    Kwaskamwerk met 'n water-
    basisglasuur   125

    Kwaskamwerk met 'n
    oliebasisglasuur   126
  Doekrolwerk   127
    Doekrolwerk met 'n water-
    basisglasuur   127
    Doekrolwerk met 'n oliebasis-
    glasuur   128
Die rooi kweekhuis   131
In landelike luim   133

Middels   136
  Pigmente   137
  Draers   137
  Oplosmiddels   137
  Glasure   138
    Olieglasure   138
    Waterglasure   138
Gereedskap   139
  Kwaste   139
  Algemene gereedskap   140
  Versorging van jou
  gereedskap   140
  Verwydering van waterbasis-
  middels   140
  Verwydering van oliebasis-
  middels   140
Suid-Afrikaanse ekwivalente
vir oorsese produkte   141

Indeks   142

Voorwoord van die borg

In 1986 het Plascon vir die eerste keer ernstig by verftegnieke betrokke geraak. Ons was nie seker of dit 'n gier van verbygaande aard sou wees nie, maar die eerste Plascon Verftegnieke-boek is nietemin in 1989 gepubliseer. Verftegnieke was tot ons verbasing en verrassing baie meer suksesvol as ons verwagtinge en dit was nodig om die boek te herdruk.

Omdat versiering so 'n lonende tydverdryf en beroep is, het verftegnieke in Suid-Afrika goed gevestig geraak en in 'n mini-bedryf ontwikkel.

Met die groei in aanvraag het nuwe tegnieke ontstaan, ou tegnieke is verfyn en ontwikkel, en so het die behoefte aan 'n nuwe boek oor die onderwerp ontstaan. Ons is trots om met twee bekende dekoratiewe verfkunstenaars Len Straw en Johan de Viliers saam te werk in die produksie van hierdie boek oor die kuns van verftegnieke.

Len en Johan het albei baie ondervinding in dekoratiewe verftegnieke en was betrokke by baie toonaangewende projekte soos die Bay Hotel in Kaapstad. Na twee jaar se noukeurige werk het Len en Johan daarin geslaag om al die kreatiewe potensiaal van versiering met verf in hierdie boek vas te lê. Ons glo hierdie vertoonstuk sal jou in staat stel om ook jou kreatiewe potensiaal te bereik.

Geniet dit!

Peter Surgey
Groep- besturende direkteur, Plascon

Voorwoord

Ek het Len en Johan in 1982 by 'n binneversieringseminaar by Josephine Mill in Kaapstad ontmoet waar hulle lesings gegee en verftegnieke gedemonstreer het. Hier het ek vir die eerste keer met die onderskeie verftegnieke kennis gemaak, en die onderwerp het my uit die staanspoor geboei. Dit was die begin van 'n suksesvolle verbintenis, en sedertdien werk ons saam aan kursusse, promosie-artikels en binneversieringsuitstallings vir my kleinhandelkliënte.

Op daardie tydstip het Len dekoratiewe verfwerk volgens opdrag onderneem, terwyl Johan 'n suksesvolle kunsdosent by die Frank Joubert-kunssentrum was. Soos alle verfkunstenaars maar alte goed weet, is dit baie moeilik om in hierdie mededingende bedryf naam te maak en kontakte te werf. Dit was my voorreg om hulle onderneming te sien groei, en in 1990 het Johan uiteindelik tot 'n groot stap oorgegaan: hy het die onderwysberoep verlaat en hom as voltydse verfkunstenaar by Len aangesluit. Hulle het omtrent dieselfde tyd hulle ateljee in 1ste Laan, Claremont, geopen waar hulle onder die naam Paint Effects begin sake doen het. Ek onthou dat Len destyds gesê het hulle is baie besiger, maar nie veel ryker nie – maar ek is seker dit is lankal nie meer die geval nie! Paint Effects het 'n indrukwekkende reeks prestasies op hul kerfstok, onder andere die Lanzerac Manor House, Constantia Uitsig, die Peninsula All-Suite-Hotel, die interieurs van talle woonhuise en selfs 'n gastehuis in Griekeland en 'n projek in Parys.

Verftegnieke staan gewoonlik nie op hul eie nie, maar maak deel uit van 'n algemene versieringskema of -projek wat subtiele gebruik van kleur en tegniek vereis. Len en Johan dra hierdie en ander versieringsaspekte met welslae in hul lesings oor. Saam-saam – en met heerlike humor – deel hulle die praktiese kennis wat hulle deur die jare opgedoen het met hul studente. Die onderrig word beurtelings in Engels en Afrikaans gegee, na gelang van hul gehoor se behoeftes. En dit is net ondervinding en talent wat hulle so vinnig en netjies kan laat werk – ek kan my verkyk aan Johan wanneer hy met 'n verbysterende spoed marmerwerk doen en terselfdertyd in 'n mikrofoon praat. Baie binneversierders, argitekte, spesialisverwers en selfdoen-entoesiaste het al gebaat by hul kunssin en die kommunikasievaardighede wat hulle deur die jare gebruik het om hul liefde vir binneversiering oor te dra. Ek hoop hulle hou nooit op om onderrig te gee nie – die bedryf het hulle nodig. Die tydskrif *Garden & Home* en Plascon Verf maak op groot skaal gebruik van hul bedrewenheid op dié gebied.

Ek beskou hierdie boek as 'n uitgebreide lesing oor dekoratiewe verfwerk en die genot wat dit verskaf, met dié verskil: dit bereik 'n veel groter gehoor.

Len Straw en Johan de Villiers gaan dikwels oorsee om werkopdragte uit te voer, hoogs gespesialiseerde kursusse by te woon en die kulture en kleure van ander lande hul eie te maak – en sodoende hulle kennis van hierdie onderwerp uit te brei. Hulle loop gedurig oor van nuwe idees, en ek is bly dat hulle nou die geleentheid het om 'n paar daarvan met jou te deel. Mag hierdie boek 'n onuitputlike bron van inspirasie wees!

Norman Armstrong

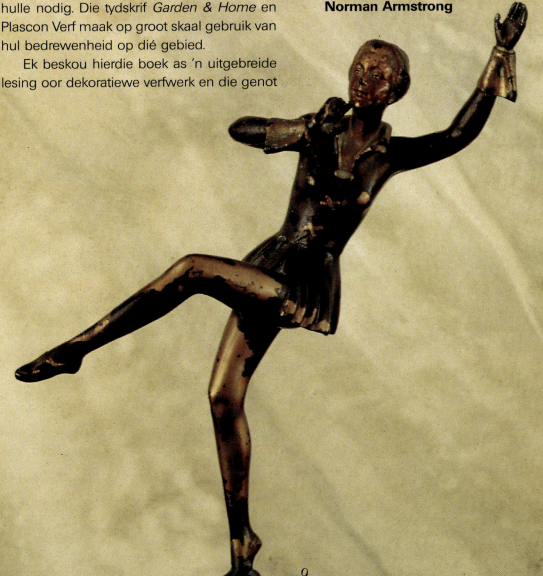

Inleiding

Die kuns van dekoratiewe verfwerk is nie maklik om te definieer of af te sonder nie. Enersyds skakel dit by die werk van pleisteraars en verwers in, en andersyds kan dit 'n kunsvorm wees. Versierde interieurs het selfs in die dae van Leonardo da Vinci en Michelangelo groot belangstelling uitgelok en oneindige vreugde verskaf.

Ongelukkig is die algemene indruk van verfeffekte vandag dié van mure wat slordig en onverskillig gevryf, gespons en bespat word deur mense in ou klere!

In der waarheid kan goeie resultate net verkry word indien die kunstenaar sy middels en gereedskap ken, na sy kliënt luister en oordeelkundig te werk gaan om 'n netjiese en tegnies onberispelike eindresultaat te verkry. Die belangrikste maatstaf vir sukses is op die ou end natuurlik die kliënt sowel as die kunstenaar se tevredenheid. Ons is dikwels verstom om te sien hoe mure met 'n pragtige, toepaslik gekleurde tekstuurafwerking 'n skema tot 'n eenheid saambind.

Gelykmatige kleur verwys na gewone verfwerk. Daarenteen bestaan gebroke kleur uit golwende tone, patroon, tekstuur en wisselende kleur. Verskeie grade is moontlik: van sagte naaswit sandkleure tot helder, versadigde primêre kleure of ryk, diep, antieke rooi skakerings.

Streng genome kan verftegnieke in glasuring, greinering en marmerwerk ingedeel word. Elkeen het sy eie grondbeginsels en, in die hande van 'n bedrewe kunstenaar, sy verwante tegnieke. Die ernstige leser sal gou agterkom dat hierdie boek bestem is om visueel te inspireer. Dit lei tot die begeerte om meer te weet, dan tot ontdekking en uiteindelik tot die praktyk. Met ander woorde: kyk na die foto, blaai om, lees en doen!

Mooi goed was nog altyd 'n belangrike deel van ons lewe. Ons put inspirasie uit die oudheid, die dinge van gister, vandag en môre; ons versamel voorwerpe en idees, en voeg verskillende stukke saam. Party mense noem dit versiering. So het dit dan gebeur dat ons 20 jaar gelede 'n vurige belangstelling in geverfde oppervlakke en die oneindige moontlikhede wat dit bied, ontwikkel het. Aanvanklik het ons oorsese tydskrifte en boeke gelees om feite, inspirasie en tegniese vaardighede te bekom. Daarna het ons ons eie huis en meubels geverf om praktiese ondervinding op te doen.

Ons het 'n restaurant geopen wat ons self versier het – ons eerste toetrede tot die openbare arena. Dit is kort daarna gevolg deur 'n gesponste interieur vir die Kaapse modeontwerper Errol Arendz se nuwe salon. Die koeël was deur die kerk!

Ons enigste doel met die voorafgaande vertelling is om ons lesers aan te moedig, maar met een baie belangrike voorbehoud: geen sukses is moontlik sonder 'n groot mate van fisieke en verstandelike inspanning nie.

Ons hoofdoel met hierdie boek is om Suid-Afrikaners aan te moedig om plaaslike produkte en ontwerpe sonder huiwering te gebruik. Voorheen moes ons raai wat die verskillende oorsese produkte was – en dié raaiskote was ongelukkig nie altyd in die kol nie. Dit is nie die ideale werkwyse nie: daarom verskaf ons 'n lys produkte en hul plaaslike name of plaasvervangers (sien bladsy 141) waarop ons metodes gegrond is. In sommige gevalle verskaf ons selfs presiese resepte. As jy al dié basiese inligting oordeelkundig toepas, sal dit as 'n waardevolle grondslag dien.

Om deur ondervinding te leer, kan uitdagend en wonderlik opwindend wees, maar onsekerheid en twyfel laat 'n mens dikwels hulpeloos voel en lê jou produktiwiteit aan bande. Toe ons begin voel het dat ons gereed is vir spesialiteitsonderrig, het ons vir twee kursusse in Engeland ingeskryf. Ons eerste leermeester was 'n beroepsversierder wat as 'n jong seun heel onder begin het en sy kennis deur harde werk en volharding opgedoen het. Ons het agtergekom wat dit is om 'n vakman te wees – en die presiese resultate behaal waarna ons gestrewe het. Van vroeg

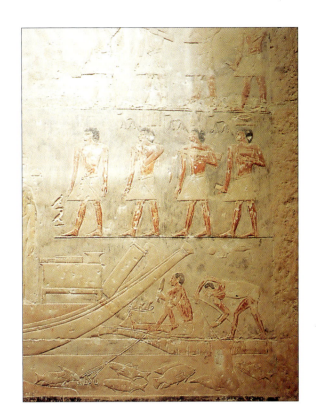

soggens tot laat in die middag het ons geleer, gedoen en oorgedoen en in die proses baie vakgeheime ontdek wat geen boek jou ooit kan leer nie. Ons sal Tim Dudfield van Newent, Gloucestershire, ewig dankbaar wees.

Roger Newton van die London School of Decorative Painting se aanslag was heeltemal anders as Tim s'n, maar hy was net so vrygewig met sy kennis. Hy het 'n skool in Londen bestuur en ook 'n restourasiediens aan verskeie handelaars en bekende afslaers gelewer. Ons het in sy bedrywige ateljee baie omtrent verguiding en veroudering geleer. Hy het tydvakwerk en moderne stukke met ewe veel bedrewenheid en selfvertroue gehanteer.

Toevallig het hierdie twee leermeesters al die aspekte van 'n komplekse vakgebied gedek. Van die belangrikste dinge wat ons geleer het, was 'n deeglike basiese, praktiese kennis van middels, gereedskap, kleur en ontwerp, sowel as 'n bewustheid van en aanvoeling vir heersende tendense, modes en aanvraag.

In hierdie boek probeer ons demonstreer hoe ons inspirasie uit alles om ons put: korsmos op 'n ou eikeboom, die patina van ou, verslete leer, lentegroen blare wat uit helderoranje grond te voorskyn kom, Van Gogh se gefolterde uitspansels of die weelderige marmer van die Paleis van Versailles. Kyk en neem waar: elke dag hou tallose wonderlike openbarings in.

Hoe kan mense dan nog sê dat dekoratiewe verfwerk 'n gier, 'n tydelike gril is wat soos 'n seisoenblom sal verwelk en doodgaan? Die mens versier sy woonplek al sedert die vroegste tye. Ons verwonder ons nog steeds aan rotsskilderinge regdeur die wêreld. Etruskiese, Kretiese en Egiptiese skilderye en friese betower ons. Ons het ons kennis van ander beskawings hoofsaaklik te danke aan die oorblyfsels van hul kuns.

Die einste era van strenge eenvoud en gebrek aan versiering wat 'n mens aan die kontinuïteit van verftegnieke laat twyfel, was trouens 'n opsetlike poging om sulke versiering teen te staan; met ander woorde, die mens is van nature lief vir versiering, en dit verg doelbewuste inspanning om dit te vernietig. Die prag en weergalose gehalte van baie van die Bauhaus-produkte kan net aan harde werk toegeskryf word.

Doekrol-, kwaskam-, spons- en stippelwerk is reeds die afgelope vyftien jaar algemeen gewild. Kunstenaars het die basiese beginsels ontwikkel en dit gaandeweg aangepas en uitgebrei om meer opwindende en gesofistikeerde afwerkings te skep. Sekere oppervlakke word behandel om met hul omgewing te kontrasteer. Tog het subtiliteit die wagwoord geword. Om elke denkbare oppervlak met verf te beplak, is deesdae beslis nie meer vanpas nie.

Maar moenie dink dat dekoratiewe verfwerk ooit eentonig en saai sal word nie. Ons is nou verby die stadium van vyfvingeroefeninge en maak ons gereed vir verbeeldingryke konserte! Dit is soms nog nodig om die natuur na te boots en volmaakte houtgrein- of marmerafwerkings te skep, maar die era van fantasieafwerkings het nou aangebreek. In plaas van getroue herskepping van die natuur, is daar 'n sterk neiging tot verbeeldingryke abstrakte ontwerpe. Pleks van klein malagietpatroontjies op 'n beskeie kissie te maak, word 'n hele muur nou met die sterk kleur en patroon bedek; net 'n sweempie van die natuur bly oor – die res is pure verbeelding.

Nog 'n duur verfafwerking wat tans in aanvraag is, verg baie vaardigheid en lyk, eienaardig genoeg, na ou en verwaarloosde oppervlakke. Barsies word oor verbleikte, verweerde mure geverf. Hout kry 'n gebarste en afgesplinterde afwerking, terwyl vormwerk holtes het met donker, taai "aanpaksels" wat die lyne beklemtoon. Hierdie afwerkings is vermoedelik ontvlugtingstegnieke wat ons in staat stel om gepatineerde, leeragtige rooi panele wat aan die biblioteek in 'n Engelse herehuis herinner, of dowwe terracotta, skilderkunstige Florentynse mure of selfs songebakte, gebarste rousteenoppervlakke te skep.

Net 'n woordjie van waarskuwing aan lesers wat dit oorweeg om hul grof gepleisterde mure glad te maak: driedimensionele afwerkings is aan die terugkom! Glasure of verf word soms op getekstureerde oppervlakke aangewend, maar die nuutste afwerking bestaan uit verskeie gepigmenteerde pleisterlae wat bo-oor mekaar aangewend word. Dit is 'n gesofistikeerde tegniek wat liefs nie deur amateurs aangedurf moet word nie.

Ons standpunt is dat daar 'n wonderlike toekoms vir verfeffekte voorlê. Sommige aspekte daarvan is weliswaar al holrug gery, maar daar bly soveel oor wat ondersoek, ontwikkel en geniet kan word dat die geverfde oppervlak ons nog jare lank gaan fassineer!

Kleur

Ons wil nie soseer die *wetenskap* van kleur as die *vreugde* daarvan bespreek nie. Om te sien hoe 'n groep jong kinders – almal nuwe kunsstudente – kleur ontdek, is 'n onvergeetlike ervaring. As hulle tot die primêre kleure – blou, rooi en geel – beperk word, gebruik hulle dié kleure aanvanklik net so. Kort voor lank begin hulle egter agterkom dat kleure gemeng kan word; as hulle gelukkig is, kom hulle met die sekondêre kleure – groen, oranje en pers – vorendag, asook 'n hele verskeidenheid van afskuwelike modderkleure!

Voeg wit by hulle kleurereeks en kyk hoe hulle kleure skep wat lyk soos aarbeiroomys, hemelsblou of vanieljepoeding. Primêre of sekondêre kleure waarby wit gevoeg is, staan bekend as tinte. Kleure waarby swart gevoeg is, word skakerings genoem. Hierdie klein studentjies sal deur middel van 'n paar oefeninge die vermoë ontwikkel om hul kleure te manipuleer. Ons gebruik hier kinders as voorbeeld om die natuurlike ontwikkeling van vaardighede, en dus ook die universele patroon vir ons almal, te verduidelik.

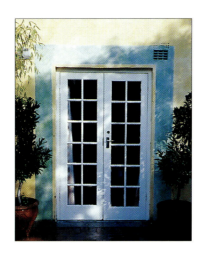

Kleur verloor nooit sy betowering vir ons nie. Wanneer ons ons kursusse in basiese verftegnieke aanbied, gee ons ook dié studente primêre kleure en wit verf. Party van hierdie studente het geen vorige ondervinding van verfwerk of kleurvermenging nie. Aanvanklik is hulle met vrees en bewing gevul, maar gou-gou hoor 'n mens vreugdekrete: "Dis presies die turkoois wat ek wil hê!" Ons probeer die studente aanmoedig om werklik betrokke te raak sodat hulle self kan besluit hoe om kleure volgens hul behoeftes aan te pas.

Kleur is arbitrêr. Elkeen ervaar kleur op 'n baie persoonlike manier. Dieselfde kleur lyk saans dramaties anders as in die daglig. As 'n hele vertrek een kleur geverf is, kan dié kleur opmerklik anders op die verskillende mure lyk, na gelang van hoe die lig daarop val. Die kleurskyfies van die Plascon Computacolor-reeks is van groot nut vir 'n verwer, solank hy besef dat dieselfde kleure verrassend anders op groter oppervlakke kan lyk.

'n Kliënt het soms 'n spesifieke kleur in gedagte. Dit is nogal lastig, want 'n alleenstaande kleur "in jou kop" is moeilik om te meng en sal beslis op 'n muur, in sonlig, in lamplig of in die skadu anders lyk. Pleks van te sukkel om 'n presiese, konstante kleur te verkry, behoort jy eerder in jou skik te wees met die verskillende nuanses van jou gekose kleur. Dit is tog juis wat kleur so fassinerend maak!

Sommige mense kies kleure op 'n heel spontane manier. Hulle hou van 'n kleur en klaar! Sulke besluite het meestal goeie gevolge, aangesien dit 'n sekere karakter weerspieël en enige bykomende versiering dieselfde eienskappe en stemming sal openbaar. Vinnige besluite word eweneens soms deur ontwerpers, kunstenaars en verwers geneem as hulle 'n grondige kennis van kleur het. Mense wat vertroud is met die effekte en wisselwerking van kleure kan spontane keuses doen wat verrassend suksesvol is. Die gewildste en beste manier om kleure te kies, is egter om na kleurkaarte te kyk, kleurmonsters aan te wend, na te dink, te verander – trouens, om hard daaraan te werk!

Die jong kunsstudentjies by die Frank Joubert-kunssentrum kan al op 'n baie vroeë ouderdom skilderye ontleed. Hulle sit op die vloer in die museum en bekyk 'n moderne skildery wat min volwassenes kan verstaan. Met 'n bietjie leiding onderskei hulle die helder kleure, die oorheersende kleure, die ligte, donker en dowwe kleure. Kort voor lank besef hulle dat sekere kleure sterk kontraste vorm terwyl ander subtiel harmonieer. 'n Helder kleurkolletjie kan skielik op die voorgrond tree terwyl sy dowwe agtergrond op wonderbaarlike wyse terugwyk. Hierdie konsepte is basies en baie belangrik, maklik om uit te ken en te verstaan, maar uiters moeilik om uit te voer. Die kleintjies skep aanvanklik hul kleurfokuspunte met rampspoedige onbeholpenheid, maar met verloop van tyd – en volharding – raak hul werk al hoe meer samehangend. Ons soort verfwerk vereis harde werk en die begeerte om te eksperimenteer. Dit is eers na baie jare se ondervinding van kleurwerk dat ons nou – met die grootste omsigtigheid – kleure vir 'n area kies.

Met betrekking tot die werk wat ons doen, sal dit dalk vir die leser van nut wees as ons verduidelik hoe ons kleur gebruik. Aanvanklik leer ons die kliënt en sy oogmerke ken, en om dit te doen, stap ons deur die res van die huis om 'n volledige prentjie te vorm van sy smaak, waagmoed, dinge waarvan hy hou en nie hou nie, ens. Om die betrokke area te ontleed, moet die meubels, tekstielstowwe, vloerbedekking, beligting (natuurlik en kunsmatig) en afmetings bestudeer word. Dan begin verskeie opsies hulle stadigaan voordoen. Met behulp van ons kleurkaarte en monsterborde besluit ons uiteindelik oor die kleur sowel as die tegniek. Groot monsterborde met die werklike kleure en tegnieke word voorberei.

Dié monsterborde word by die kliënt gelaat sodat hy 'n naweek of langer daaroor kan nadink. Ons raai hom gewoonlik aan om die borde in die vertrekke rond te skuif en ook te kyk hoe dit in die aand lyk. 'n Kliënt vra dikwels dat 'n kleurmonster op die muur aangebring word. In so 'n geval is dit raadsaam om 'n area te gebruik wat netjies deur 'n deur- en vensterkosyn omraam is, of om 'n area af te baken. Kleurspatsels en slordig aangesmeerde tegnieke sal nóg die beroep nóg jou reputasie tot eer strek. Vra jou kliënt om die toepaslike monsterborde by aanvaarding te teken – dit is in jou eie sowel as sy belang.

In die geval van herhaalde mengwerk raai ons verwers aan om kleure volgens kleurkaartspesifikasies te laat meng eerder as om op hul vermoëns en geheue staat te maak. Selfs die beste kleurmengers begaan eers 'n paar foute voordat hulle op dreef kom!

As jy gekonfronteer word met kaal mure, 'n kliënt wat nie weet wat hy wil hê nie, en 'n opdrag om 'n volledige kleurskema saam te stel, moet jy uit *enige* bron inspirasie probeer put – ongeag hoeveel kleurvariasies jy in die verlede gebruik het. In die natuur is daar byvoorbeeld 'n magdom verskillende kleure, kombinasies en kontraste. Met die oog hierop het ons 'n groot aantal foto's van verskeie onderwerpe versamel en saamgestel. Dié praktyk het ons gehelp om nog meer bewus van kleur te word – om te kyk, maar ook om te sien. Die nuwe jong leerling wat in 'n euforiese luim by sy klas opgedaag het, het dié punt by ons tuisgebring: hy het ontdek dat sy maats nie kon sien wat hy sien nie. Bome se bas is nie net bruin of grys nie; dit is werklike kleure. En sy maats het nie eens die bas opgemerk nie!

'n Besoeker het 'n paar jaar gelede dieselfde swak waarnemingsvermoë aan die dag gelê toe hy na ons subtiel gesponste mure kyk, frons en vra wat met hulle verkeerd is!

As jy eers 'n bewustheid van kleur en tekstuur ontwikkel het, kom jou kreatiwiteit na vore en begin wonderlike dinge gebeur. Daar is hoegenaamd geen verskoning vir 'n gebrek aan idees nie. Die wêreld om ons is propvol kleur, lieflike harmonie en verstommende kontraste.

In versiering hang die harmoniese gebruik van kleure of tone af van hoe naby hulle aan mekaar is. Die kleure wat langs mekaar in 'n kleurwiel of reënboog voorkom, is harmonies, byvoorbeeld blou, turkoois en groen, of geel, oranje en rooi. Hierdie kombinasies is eenvoudig en hoef niemand af te skrik nie. Hulle is pragtig en volledig op sigself.

Die gebruik van kontraste is baie meer uitdagend, opwindend en klaarblyklik skrikwekkend. Dit kan toon- (lig en donker) of kleurkontraste wees. Die sterkste toonkontras is swart/wit, terwyl blou/oranje, geel/pers en rooi/groen opvallende en baie sterk kleurkontraste is. Die "outydse" gebruik van beige kan hier as analogie dien: die binneversierder van die sestiger- en sewentigerjare het nie tuis gevoel in die kliniese wit en helderkleurige interieurs van daardie tyd nie en het beige as 'n veilige kleur beskou. Hy het sy toevlug geneem tot sagte, eenderse en onavontuurlike skakerings van beige; neutrale beige was die wagwoord en kontraste is so te sê geïgnoreer.

Beige is terug op die toneel, maar in baie gedaantes ... donker, lig, grys, bruin en room. Hierdie skakerings word met mekaar, en met swart, houtskoolgrys, wit, roesbruin en ander kleure gekontrasteer. Selfs die ryk tone van natuurlike hout word as teenstelling gebruik. Dit gee aanleiding tot vrymoedige, ongedwonge versierkuns wat 'n voorsprong op konserwatiewe werk het.

Dit is egter gerusstellend om te weet dat kleur- of skakeringkontraste nie sterk hoef te wees nie. Subtiele verskille kan uitmuntende effekte skep, mits nog 'n aspek, soos tekstuur, ook ingebring word. Die natuurlike skakerings van klip, goiing, bas, gruis, hout, ens., sal as gelykmatige kleure maar 'n taamlik eentonige palet uitmaak, maar sodra hul teksture bygevoeg word, kom 'n heel ander prentjie na vore. Dit verklaar dikwels waarom gebrokekleurtegnieke en tekstuurafwerkings op mure gebruik word.

Elke nou en dan kom ons 'n toevallige kontras of verkeerde samevoeging van kleure teë wat op die ou end 'n skitterende sukses is. 'n Lemmetjiegroen kniekombersie is per ongeluk in 'n sitkamer gelos waar daar net kaliko en ander natuurlike kleure was. Dit pryk nou permanent daar saam met ander een-

derskleurige voorwerpe! 'n Ander keer was die enigste gewaste en gestrykte kussingoortreksels in die linnekas 'n skel cerise ... maar toe ons dit op die rooierige kelimbedsprei plaas, het dit 'n aspek van sy verskillende kleure uitgebring wat ons verstom het. Nou is daar 'n ekstra paar cerise oortreksels! Ons is egter soms te waaghalsig met hierdie vreemde kontraste, en dan kyk ons behoorlik op ons neus as ons geforseerde "toevallige" skemas kunsmatig lyk!

Boekdele kan oor kleur en sy talle fassinerende teorieë en kenmerke geskryf word, maar ons bepaal ons hier by 'n paar baie basiese aspekte wat die dekoratiewe verwer raak.

Dit kan gevaarlik wees om kleur van 'n klein skyfie te kies. Presies dieselfde kleur kan op groot areas skrikwekkend sterk of heeltemal ondoeltreffend wees. Sodra 'n kleur gekies is, móét dit eers uitgetoets word. Dié kleur kan jy van die rak af koop of volgens kleurmonsters van die Plascon Computacolor-reeks of die Internasionale Kleurkaart laat meng. Hou in gedagte dat dit feitlik onmoontlik is om jou eie resep vir "daardie towerkleur" in 'n verfwinkel te herhaal.

Daar is geen uitsondering op die reël nie – kleure verander van karakter na gelang van die lig en skadu wat daarop val. Verf netjiese kleurstroke in verskillende dele van die vertrek en bekyk dit op verskillende tye van die dag. Slordig aangeplakte verfblertse lyk lelik en verhoog ook nie jou respek vir jou eie werk nie. Moenie in die versoeking kom om met 'n voorafgemengde kleur te peuter nie; vra jou verfhandelaar om dit met afgemete hoeveelhede pigment te verander. Hou aantekening van die presiese hoeveelhede van hierdie byvoegings ingeval die mengsel herhaal moet word. Indien jy noodgedwonge self die mengwerk moet doen, is dit raadsaam om maatlepels of -koppies te gebruik. Skryf neer hoe jy die verskeie kleure gekry het; jy onthou selde die presiese hoeveelhede wat jy bietjie vir bietjie bygevoeg het om uiteindelik by die gewenste kleur uit te kom! Verskillende pigmente kan gebruik word om kleure te wysig. Die byvoeging van ligter of sterker skakerings van dieselfde soort verf is die heel eenvoudigste metode. Oliebasisverf kan net met ander oliebasisprodukte gemeng word.

Universele tinters is sterk pigmente wat by verf met 'n waterbasis sowel as dié met 'n oliebasis gevoeg kan word, en is in buisies of botteltjies verkrygbaar. Dit is raadsaam om 'n bietjie tinter met 'n klein hoeveelheid van die verf te meng voordat jy dit bietjie vir bietjie by die groot blik verf voeg. In die geval van water-

basisverf kan jy 'n bietjie water byvoeg om 'n gladde mengsel te verkry, en 'n titseltjie terpentyn kan by oliebasisverf bygevoeg word.

Probeer om 'n hele muur klaar te verf voordat jy na 'n nuwe blik verf oorslaan – veral as jy jou eie mengwerk gedoen het. Daar kan subtiele kleurverskille wees wat in 'n hoek van die vertrek nie so opmerklik sal wees nie.

Nog 'n opsie is poeierpigmente soos die sogenaamde skoolverf of poeiertempera. Dit moet ook met water (plus 'n druppel opwasmiddel) of terpentyn gemeng word voordat dit onderskeidelik by waterbasis- of oliebasisverf gevoeg word.

Die terugkeer na natuurlike pigmente en natuurlike middels is 'n interessante nuwe ontwikkeling. 'n Uiters geslaagde en pragtige afwerking op die buitemure van 'n Johannesburgse huis met 'n Noord-Afrika-voorkoms is verkry met die gebruik van gewone rooi-oker grond en rooi ysteroksied as pigmente en gebluste kalk en 'n bindvloeistof as middels. Die gevolg was 'n gloeiende, aardse kleur soortgelyk aan dié van die kleihuise van die inboorlinge van Noord-Afrika. Die verwer was ook hoog in sy skik toe hy agterkom dat hy in werklikheid besig was met dieselfde werk as wat sy ma jare gelede aan hulle kaia gedoen het! Ons het ongelukkig nie 'n resep vir hierdie tegniek nie – jy sal maar moet eksperimenteer.

Saam met die "nuwe" natuurlike pigmente word natuurlike middels gebruik: water, karringmelk, asyn, eiergeel, suiker en ander doodgewone produkte. Ons gebruik dus steeds tradisionele metodes vir asynskildering sowel as houtgreinering. In Cennini se fassinerende *Il libro dell'arte* lees 'n mens hoe om 'n sekere swart te kry deur wingerdtakkies te verbrand en tot poeier te maal. Die mees volmaakte swart word van amandeldoppe of perskepitte gemaak! Dank die hemel vir die leerlinge wat in daardie tyd al die harde werk gedoen het.

Maar kom ons keer terug na kleur. Die resultate van gebrokekleurtegnieke en glasure kan 'n mens verras (aangenaam of andersins), ontredder of verstom! Dit is baie selde heeltemal voorspelbaar, en wysigings is die reël eerder as die uitsondering. Aangesien hierdie kleurwysigings op 'n spesifieke manier vir elke tegniek gedoen word, word dit saam met die tegnieke beskryf. Intussen wil ons die leser verseker dat ons nooit iets uitverf nie – ons verkies om herhaaldelik bo-oor teleurstellings te verf. Dit is dié vertrekke wat op die ou end die mooiste is!

Blou

Dit help nie om met 'n baksteenmuur te baklei nie! Om die tekstuur te benut, is die mure van hierdie slaapkamer in blou skakerings en tinte geglasuur. Die muur word geanker deur 'n breë vloerlys met 'n donkerblou streepafwerking. Die sleebed en geleentheidstafel is met 'n sagter blou geverf en gestreep. Die vloer met sy poeieragtige terracotta kleur verleen 'n ligte effek wat die sag gedrapeerde muskietnet komplementeer.

Ons het gesaksmeerde baksteenmure altyd as 'n struikelblok beskou en gewonder wat ons kon doen om hulle te verander. Toe 'n argitek ons vra om iets te doen aan 'n enkele baksteenmuur in 'n andersins gepleisterde vertrek, het dit tot ons deurgedring dat hierdie muur in die konteks spesiaal was en dat ons die tekstuur kon benut eerder as om daarteen te stry. Twee glasure in byna skrikwekkende rooi skakerings het die muur in 'n uiters doeltreffende gesprekspunt omgetower.

Die baksteenmuur op die foto is met 'n wit Plascon Polvin-grondlaag geverf. 'n Mengsel van gelyke dele Tallangatta Blue Polvin (T83-4) en Plascon waterbasis-Glazecoat is berei en met 'n 100 mm-verfkwas aangewend. Die metode skep 'n "wolkerige" effek: die kwas word met glasuur (of verf) gelaai en 'n area word geverf sodat die kleur by die rande dowwer is. Só kan jy telkens 'n nuwe wolk teenaan die vorige begin of wit dele ooplaat. Die glasuur word baie vinnig droog en jy kan die kleur met nog glasuurlae verdiep; sorg egter dat jy net op kurkdroë oppervlakke werk. Dit is hoe ons die diepblou om die buiterande van die muur gekry het. Die byna wit area is net met 'n dun glasuurlagie bedek.

Met die aanwending van 'n glasuur is dit onvermydelik dat die baksteentekstuur meer opvallend raak. Benewens kleur verleen die glasuur ook 'n sagte glans. Só 'n afwerking gee nuwe karakter aan 'n baksteenmuur.

Bykomstighede

Ons sleebed is met 'n lagie effens verdunde Iron Grey Polvin (M32-8) bedek. 'n Lagie waspolitoer verleen 'n sagte glans en het die afgelope vyf jaar voldoende beskerming verskaf.

Die bedtafeltjie was eers met vernis bedek, maar ons het dit afgeskuur om vatplek vir 'n laag Plascon Glazecoat (CV82) getint met Blue Knight Velvaglo (45-17M) te kry. Ons het oliebasis-Glazecoat gebruik om te voorkom dat die blou in groen verander, wat sou gebeur het as ons gewone poliuretaanvernis gebruik het. Ná een lagie getinte vernis het ons 'n bietjie daarvan afgeskuur om 'n verouderde voorkoms te skep. Daarna het ons twee beskermende lae oliebasis-Glazecoat (CV82) aangewend, dit liggies met baie fyn skuurpapier geskuur en uiteindelik met waspolitoer gepoleer.

Blou / wit

Die komplementêre kontras tussen terracotta en blou skep 'n skoon, vars strand-atmosfeer wat aan 'n badhuisie herinner. Breë strepe wat bokant die solied geverfde hout-dado aangevryf is, word hier en daar deur skulpvorms onderbreek. Die ruwe tafel van gestroopte hout staan tussen twee kombuisstoele wat gebeits is en 'n krakiesafwerking gekry het om 'n rustieke effek te skep.

Blou/wit: stap vir stap

As 'n mens deur die Griekse eilande toer, hoor jy dikwels dat iets "Skopelos-blou" of "Mykonos-blou" of "Skiathos-blou" is. Terug in jou eie land word jy gevra om jou "'n Griekse blou" voor te stel … en as ons almal met 'n monster vorendag moes kom, sou nie twee daarvan dieselfde wees nie. Dit is die lekkerte daarvan: jy kan jou eie blou kies en nog steeds jou individualiteit behou. Hierdie blou se naam is Blue Tulle (Plascon M18-6). Dit is effens mauve, kontrasteer pragtig met die sagte terracotta, Creole (Plascon D66-2), en herinner 'n mens aan outydse blousel.

1. Goeie verwers begin altyd bo … daarom het ons met die strepe begin. Met behulp van 'n waterpas het ons versigtig lyne afgemerk wat met die onderste planke ooreenstem – elke tweede groef. Toe het ons die stroke met maskeerband afgemerk: links van die eerste lyn, regs van die volgende, ensovoorts. Op dié wyse kry jy breë en smal stroke wat mekaar afwissel.

2. Meng 'n halwe koppie Blue Tulle Polvin met 'n koppie waterbasis-Plascon Glazecoat Clear Matt. Vryf hierdie mengsel in die breë stroke in en sorg dat jy min genoeg gebruik sodat die wit grondlaag nog effens deurskyn – só benut jy die deurskynendheid van die mengsel ten volle. Pas op dat jy nie dwarsoor die maskeerband tot op die wit strook verf nie. Jy kan maklik in die hoekies bo by die kroonlys uitkom as jy klein titseltjies verf met 'n kwas stippel. Só 'n waterbasisglasuur word baie vinnig droog, en jy kan die maskeerband verwyder sodra jy elke strook voltooi het. Die maskeerband kan onmiddellik weer gebruik word: jy bespaar nie net geld nie, maar die maskeerband is ook minder klewerig en jy

kan gerus wees dat dit nie die verf van die muur sal aftrek nie!

3. Die gegroefde planke onder die dado is met 'n mat Plascon Polvin Blue Tulle geverf, terwyl die dado- en vloerlys met Plascon Polvin Creole geverf is. Ons het Polvin vir die houtwerk gekies om 'n sagte, poeieragtige voorkoms te verkry. As jy wil, kan jy alles met Glazecoat Clear Matt verseël, maar dit sal die hele effek bederf omdat dit 'n effense glans het.

Bykomsthede

Die eenvoudige houttafel (bladsy 28) is een van twee wat ons raakgeloop het. Hulle was voorheen wastafels, maar het hul lieflike, dekoratiewe handdoekrelings verloor en 'n menigte verflae bygekry voordat ons hulle weer gestroop het. Ons het nie die verfresidu uit die hoekies en gaatjies en draad verwyder nie, met die gevolg dat dit nou lyk asof hulle afgewit is. Dit is lendelam maar mooi, en volgepak met interessante voorwerpe wat op die strand gevind is.

Ons het skulpvorms van hars bo die dadolys geplak. Elkeen is met Polvin gevryf, wat dan weer plek-plek afgevryf is. Nog harsskulpe is aan 'n doodgewone houtraam vasgeplak en op dieselfde wyse met blou Polvin gevryf.

'n Ou sleutelkissie uit 'n kantoor bevat 'n seester van natuurlike terracotta teen 'n blou agtergrond. Die klein, geglasuurde kissie is met verdunde wit Polvin "afgewit".

Die stewige kombuisstoele wat met dik kaliko oorgetrek is, is eers donker gebeits en het toe 'n krakiesafwerking in grysblou – Iron Grey (Povin M32-8) – gekry. Sien bladsy 111 vir krakiesafwerking.

Blou/groen

Hierdie blougroen toneel skep 'n landelike atmosfeer op 'n verfrissende netjiese manier. Die houtmuur wat aanvanklik wit was, is met groen sowel as blou gestreep sodat baie wit nog deurskyn. Teen hierdie kraakvars agtergrond het ons 'n ou gestroopte vleiskas, waarvan die groen pigmentasie nog duidelik sigbaar is, geplaas. 'n Donkergroen gebeitste rottangstoel, 'n vissersdobber van glas en 'n Indiese hundi-lamp vorm 'n skerp kontras. Ter wille van historiese en artistieke korrektheid het ons die versoeking weerstaan om die twee akwarelle uit die veertigerjare nuwe rame te gee!

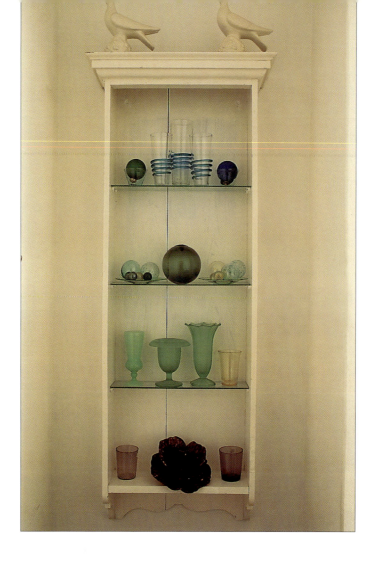

*W*it tong-en-groef-plankmuur van knoetsdennehout kan saai en neerdrukkend wees. Die warmte van die hout pas nie altyd by die kraakvars voorkoms van 'n strandhuisie nie. Daar is dikwels maar min wat aan 'n baie knoetserige plafon gedoen kan word, en daar is niks mee verkeerd om dit te verf nie. Party planke het knoetse waaruit hars gedurig sypel. Behandel sulke lastige knoetse met Plascon se Woodcore Knotting (PK2), 'n verseëlaar met 'n spiritusbasis.

Die muur was reeds met wit Polvin geverf voordat ons hierdie projek aangepak het. Hou in gedagte dat 'n verniste muur afgeskuur moet word om "vatplek" te verskaf. Daarna word 'n laag van Plascon universele onderlaag Merit, met 'n roller of kwas aangewend. Hoewel dié onderlaag 'n oliebasis het, sal die oppervlak mat wees en 'n laag wit Plascon Polvin (PVA) kan dadelik daarop gebruik word.

Hoewel een kleur doeltreffend sou gewees het, het ons twee kleure, Plascon Polvin Mod Blue en Mod Green, gekies. Skep 'n paar eetlepels vol van elke kleur in 'n emaljebord of 'n verfbak. Hou 'n vlak bakkie water byderhand. Tel 'n klein bietjie van die groen verf met 'n emulsie- of soortgelyke kwas op. Streep dit aan die planke – werk vinnig en oor die lengte van die plank. Indien die onverdunde Polvin te dik en onhanteerbaar is, doop die punte van die kwashare in water en gaan voort met die streepwerk. Verander die kleur nou en dan, maar sorg dat die een kleur heeltemal van die kwas verwyder is voordat jy die volgende optel. Werk altyd met 'n "droë" kwas sodat baie van die wit onderlaag deurskyn.

Dit is aanvanklik moeilik om 'n balans tussen die kleure sowel as tussen 'n nat en droë kwas te handhaaf. Moenie tou opgooi nie! En onthou dat jy maklik die wit Polvin-grondlaag oor 'n te sterk gekleurde area kan streep. Dit is nie nodig om die muur te verseël nie, maar as jy regtig moet, kan jy Plascon Glazecoat Clear Matt (R<small>EF</small>. 1125) daarvoor gebruik.

Bykomstighede

Die ou vleiskas (bladsy 32) is een van daardie artikels wat deesdae maar skaars is. Pleks van die verf tot op die kaal hout af te stroop, het ons 'n bietjie groen en wit pigment laat agterbly en alle oppervlakke met fyn skuurpapier glad gemaak. Ons het teen 'n vernislaag besluit, maar Cobra wit vloerpolitoer gebruik om 'n mooi verweerde patina te verleen.

Om rottang te beits, is taamlik maklik, mits dit onbehandel en onvernis is. Beitse soos Plascon Woodstain is maklik verkrygbaar, maar in houtkleure soos Oak, Imbuia, ens. Vir helderder kleure moet jy anilienkleurmiddels gebruik. Dit word deur leerwerkers gebruik, en ons weet almal hoe kleurvas leerware is. Hierdie kleurmiddels is baie gekonsentreerd en word gewoonlik met brandspiritus verdun. Dra handskoene en 'n masker wanneer jy hiermee werk. Die kleurmiddels kan aangeverf word, maar aanspuit is makliker en dring in al die hoekies en gaatjies in. Die kleurmiddel dring die oppervlak binne, kom nie af nie en bly kleurvas.

'n Laag of twee poliuretaanvernis gee 'n pragtig afgeronde oppervlak. Dit gee diepte aan die kleur en maak dit selfs nog meer gloeiend en deurskynend as 'n newelverglanser.

'n Verwer swig alte maklik voor die versoeking om dinge soos hoededose en prentrame oor te verf. Dit is egter juis die vreemde, verweerde, geverfde ou oppervlakke van die dose wat spesiale karakter verleen. Ons het hulle dus net goed afgewas en siedaar, ons geleentheidstafels … gereed vir gebruik! Die prentrame was 'n baie makliker besluit: raamwerk is soms duur en hierdie heel skaflike rame was die oorspronklikes. Ons meen die kunstenaars sou bly gewees het dat ons die rame onveranderd gehou het; boonop het die swart en houtkleur volmaak by die dekor gepas!

Groen

Helder kleure sprankel teen 'n blougroen gesponste agtergrond. Vloerlyste is geelgroen. Die tekstuurskema word uitgebrei na die kas se luiperdkol-raamwerk. 'n Eenvoudige donker Tallangatta Blue in Polvin (T83-4) bedek die binnekant van die kas en is ook op die kombuisstoel gebruik. Helder kleuraksente word verskaf deur keramiekware en linnekussings met oorspronklike ontwerpe.

Groen: stap vir stap

DOEK-AANROLWERK

Hierdie tegniek is taamlik maklik – selfs vir die beginner! Dit kan egter 'n morsige takie wees en as dit nie behoorlik uitgevoer word nie, kry jy ook 'n morsige resultaat!

1. Gebruik 'n verfroller of verfkwas en wend eers 'n dun lagie van 'n gekose grondkleur in Polvin (PVA) of enige ander waterbasisproduk aan. In hierdie geval het ons Dillweed Green (M38-4 Plascon Computacolor) gebruik.

2. Meng nou 'n waterbasisglasuur: gebruik twee dele Plascon waterbasis-Glazecoat (REF. 1125) en een deel Polvin. Ons kleurkeuse om die grondlaag te komplementeer, was Henty Green (U81-3 Plascon Computacolor). As jy liewer nie 'n glasuur wil gebruik wat 'n effens deurskynende effek verleen nie, kan jy 'n effens verdunde Polvin gebruik (drie dele verf en een deel water).

3. Gooi 'n bietjie van hierdie tweede kleur in 'n verfbak of vlak emaljebak. Kry drie of vier stukke katoen of ander stewige materiaal gereed. Hul tekstuur en grootte moet eenders wees. In hierdie stadium trek jy jou handskoene aan – die morsery gaan nou begin!

4. Rol een van die doeke in 'n *los* worsvorm op. Rol die doek deur die verf in die plat gedeelte van die verfbak, maar sorg dat jy baie min druk uitoefen. Indien jy 'n emaljebak gebruik, rol die doek agterna op 'n stuk hardebord, karton of enigiets anders om seker te maak dat die verf egalig op die opgerolde doek versprei word.

5. Nadat jy die oortollige verf verwyder het, kan jy met die eintlike aanrolwerk begin. Werk teen 'n hoek van ongeveer 45 grade. Rol liggies en weerstaan die versoeking om die doek teen die muur uit te druk, anders gaan jy met lelike vlekke sit. Indien sulke vlekke wel voorkom, moet jy dit eers laat droog word voordat jy die grondkleur bo-oor aanrol om dit weer op te breek. Pas op dat jy nie die doek met verf oorlaai nie; daarenteen moet die doek ook nie te droog wees nie. Maak die doek van tyd tot tyd oop om die afdruk te verander. Onthou dat die doek deurentyd lossies, nie te styf nie, opgerol moet wees. Dit is ook 'n goeie idee om van rigting te verander en die "kaal" kolle te bedek; hiervoor frommel jy die doek in 'n los roosfatsoen op en hou dit in jou handpalm, pleks van dit in 'n silindervorm te draai. Dit is ook hoe jy te werk gaan om die moeilikste areas te bereik. Moenie te veel verf in hoeke en op die rande langs kroon- en vloerlyste aanwend nie. 'n Subtiele kleurskynsel om die buiterand van 'n muur is baie beter as 'n dik geverfde, morsige rand.

6. Verf vloerlyste heel laaste (ons het Mod Green Polvin gebruik wat lemmetjiegroen teen die blougroen mure vertoon). Dit sorg altyd vir 'n netjiese afwerking. Knap ook die kroonlyste om dieselfde rede op.

Die sterk kleure en kontraste skep die tekstuurvoorkoms op ons hooffoto. Die verskeidenheid van helder kleure het ons geïnspireer om dié rigting in te slaan. As jy 'n subtieler voorkoms verkies, sal 'n effens donkerder grondkleur waaroor 'n ligter kleur aangerol is, ideaal wees. Verskeie kleure wat bo-oor mekaar aangerol word, kan uiters geslaag wees, maar moet eers op 'n stuk monsterbord getoets word.

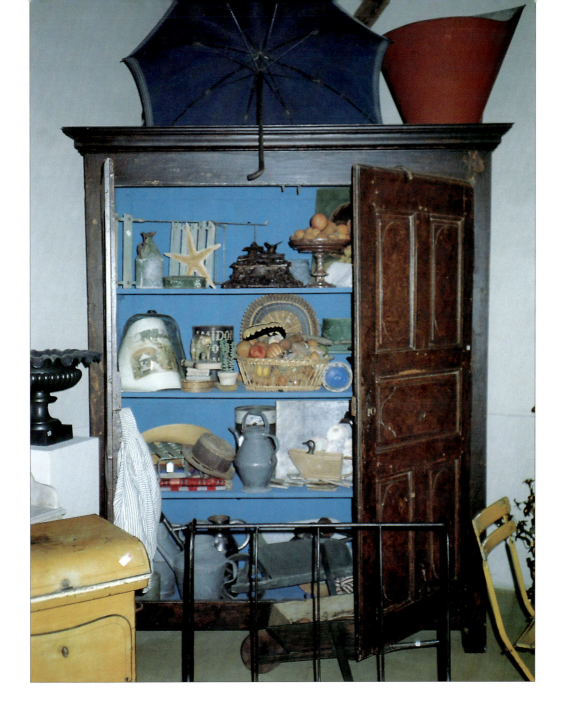

Bykomstighede

Ons kas (bladsy 36) was eers 'n klein klerekas wat later met rakke toegerus is om as linnekas te dien. Die kas het maar taamlik bedremmeld gelyk voordat ons dit gestroop en met wit Plascon Polvin geverf het. Die hele buitekant is toe met 'n waterbasisglasuur (Manor Cream – M34-1 Plascon Computacolor) gevryf. Die panele is onveranderd gelaat, maar die raamwerk is hier en daar met Polvin Ascot Tan glasuur gevryf. Oor dié bruinerige oppervlakke het ons toe luiperdkolle gesjabloneer! Die blou binnekant is helaas nie 'n oorspronklike idee nie. Ons het 'n pragtige ou klerekas by 'n antiekmark in Provence raakgeloop (bo). Die buitekant was verweer en afgeleef, en die binnekant was helderblou. Nadat ons klaar was met die kas, het ons dit met Glazecoat verseël. Die blou kombuisstoel het dieselfde behandeling gekry.

Die blou borde teen die muur (bladsy 36) is losweg gebaseer op die ontwerp van 'n paar borde wat ons etlike jare gelede in die suide van Frankryk gekoop het. 'n Plaaslike vervaardiger het hulle 'n jaar lank eksklusief vir ons gemaak, en nou is hulle vryelik beskikbaar as die vervaardiger se "Franse" borde!

Oker

'n Stylvolle maar gesellige sitkamer in 'n Franschhoekse plaashuis. Die landelike atmosfeer het 'n informele verfafwerking vereis; die mure is dus gespons en geglasuur. Kleurkombinasies is ongedwonge en bykomstighede wissel van kosbare Franse keramiekware tot die kinders se versameling tarentaalvere in 'n draadmandjie.

Oker kan soms 'n baie lastige kleur wees. Ons weet dit is sonnig, vrolik en warm, maar ons het ook al die gevoel gekry dat ons in 'n bak eiergeel is terwyl ons eintlik 'n sagte primulakleur wou hê! Van die oker interieurs wat ons al gesien het, was die merkwaardigste 'n sitkamer in Londen wat oker geverf is, met 'n titseltjie groen daarby. Die sydrapeersels, -festoene en -gordyne was 'n soortgelyke kleur. Binne hierdie okerkleurige kokon was 'n versameling Engelse antieke, voortreflike moderne en tydvakskilderye in antieke goue rame en bekleedsel en matte in sagte terracotta skakerings, lenteblaargroen en dofblou. Om die een of ander rede kon ons nog nooit hierdie skema in Suid-Afrika toepas nie. Kan dit miskien iets te doen hê met die Engelse lig …?

Ons keuse van French Mustard in Polvin (D34-8) vir die Franschhoekse plaashuissitkamer was heeltemal anders, maar nie minder mooi nie. Dit was weliswaar 'n kunsmatige keuse: ons het pas van Provence teruggekeer, ons kliënte hou van alles wat Frans is en die Franschhoekse lig, styl en algemene omgewing het gesmeek om mosterd!

Oker: stap vir stap

1. Ons het gevra dat die mure aanvanklik spierwit (wit Plascon Polvin) geverf word. Ons eerste stap was om die mure met 'n onverdunde Plascon Polvin (French Mustard) te spons – hiervoor het ons 'n natuurlike seespons gebruik. Maak altyd jou seespons klam met water en druk dit droog voor gebruik. Skep 'n klein bietjie French Mustard Polvin in 'n emaljebord of enige vlak bak. Tel

'n bietjie verf met die spons op deur die oppervlak van die verfplassie liggies aan te raak. Moenie die spons oorlaai nie en toets eers die sponsafdruk op 'n vel skoon koerantpapier of papierhanddoek voordat jy die muur bemors! Onthou, 'n spons is 'n sagte werktuig wat dienooreenkomstig behandel moet word: moenie hard daarop druk nie, net genoeg om 'n duidelike afdruk te maak. Spons onreëlmatige patrone oor die mure sodat daar 'n natuurlike verspreiding van yl en dig geteкstureerde dele is. In hierdie stadium moet jy liewer nie terugstaan om jou handewerk te beskou nie – dit sal lyk asof die mure aan 'n akute aanval van mosterdmasels ly! As dit jou sal laat beter voel, kan jy met die grondkleur – in dié geval wit – oor enige lelike kolle spons.

2. Meng nou 'n waterbasisglasuur met een deel van Plascon se waterbasis-Glazecoat Matt en 'n halwe deel French Mustard Polvin. Tel 'n klein bietjie glasuur met 'n goedkoop winkelspons of 'n doek op. Ons gebruik ook soms 'n verfkwas om die glasuur op die spons of doek aan te wend; dit verhoed dat te veel glasuur opgetel word. Vryf dit aan die muur asof jy dit was. Moenie tyd aan die rande bestee nie – hulle moet op natuurlike wyse dowwer raak. Moenie vierkantige vorms aanvryf nie; werk liewer lukraak en hou in gedagte dat dit 'n gebrokekleurtegniek is, wat beteken dat daar donker en ligter dele moet wees. Gebruik 'n kwas om die hoeke, vloerlys en kroonlys so netjies moontlik af te werk. Die skerp kontras tussen die wit muur en mosterd sponswerk sal teen dié tyd al sagter wees.

3. Die werk is ongelukkig nog nie klaar nie! Dit is absoluut noodsaaklik om die mure nog 'n keer te vryf om die patina te verbeter. Die resultaat wat hierdie finale laag lewer, sal jou van jou moeë arm laat vergeet en enige twyfel oor jou vermoëns uit die weg ruim.

Rooi

Die meeste mense hou van hierdie ryk, rooi, leeragtige voorkoms, maar dit word alte selde gebruik. Verskeie rooi skakerings, donker hout, verguldsel en die weelderige kleur en tekstuur van die tapyt skep 'n elegante dekor. Handgeskilderde panele op die mure is met liggeel verf geskep, maar vertoon goud nadat dit met 'n verouderingsglasuur gevryf is.

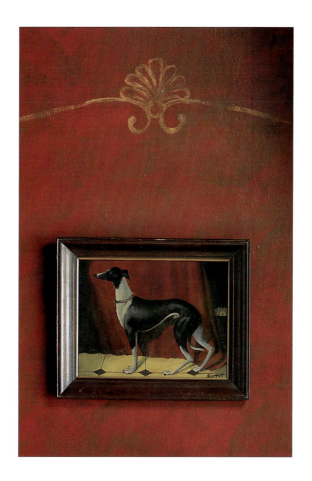

Rooi: stap vir stap

Ons metode het betrekking op 'n rooi muur, maar dieselfde prosedure kan gevolg word om hierdie tegniek met enige ander kleur te skep. Hou in gedagte dat dit met sommige kleure beter as met ander werk, hoewel smaak ook baie daarmee te doen het.

Pleks van 'n wit oppervlak word 'n rooi grondlaag hier vereis. Plascon Polvin Mod Red is 'n uitstekende kleur; net soos al die ander Mod Polvins is dit die suiwerste, mees versadigde primêre of sekondêre kleur wat in 'n winkel te koop is. Rol die rooi lukraak aan om oraloor 'n gemarmerde voorkoms te skep. 'n Tweede laag is onnodig, tensy die onderste kleur wat uitgeverf word baie skel en hardnekkig is. Soos dikwels die geval in die beginstadium van verfwerk is, kan die mure nou onooglik lyk; daarom moet jy 'n glasuur meng om 'n antieke patina oor die rooi te skep. Hoeveelhede is nie baie presies nie en kan na smaak aangepas word om 'n ligter of donkerder skakering te verkry. Ons basis vir hierdie glasuur is egter Plascon se waterbasis-Glazecoat Clear Matt. Roer dit goed voor gebruik. Meng een koppie Glazecoat met 'n halwe koppie Mod Red (of die kleur waarmee jy werk) en voeg klein maar afgemete hoeveelhede van Buffalo se universele tinter (bruin) by. Meng hierdie bestanddele baie goed voordat jy dit in 'n onopvallende hoekie toets. Hierdie mengsel word baie vinnig droog en moet afgevee word sodra jy die kwaliteit gesien het. Die doel is om die felrooi met 'n donkerder skakering te patineer. Aangesien die mengsel deurskynend en net die pigmente ondeurskynend is, word 'n interessante, lewendige *chiaroscuro*-effek geskep. Werk met 'n hanteerbare – klein – hoeveelheid glasuur op die sintetiese spons en vryf die rande uit (sien oker vryfwerk, bladsy 43). 'n Tweede vryflaag sal 'n donkerder maar oneindig beter resultaat lewer.

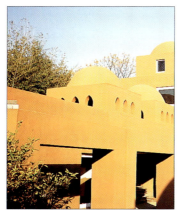  

Terracotta

'n Sagte, wolkerige of newelagtige effek verskaf 'n bekoorlike agtergrond vir 'n baie verouderde tafel, 'n klein gesjabloneerde kassie met krakiesafwerking, en materiaal met 'n sjabloonmotief wat ons Carol's Harvest genoem het. Die bont ficus voer die "groen" en "blaar"-tema verder.

Onlangs het 'n afgetrede vriendin ons vertel hoe sy en haar kollegas, as jong verkoopsdames by Harrods, geleer is om na die kleure van uitrustings te verwys sodat dit vir voornemende vroulike klante aantreklik sou klink: "chartreuse", "burgundy", "taupe", "aubergine" eerder as liggroen, bruinrooi, donkie en eiervrug! Name is veronderstel om kleure vleiend te beskryf, maar daar is soms soveel verskillende skakerings dat dit algehele verwarring tot gevolg het. In die soektog na 'n mooi terracotta wat 'n onmiskenbare rooi grondkleur moet wees, kan jy met enigiets van 'n koel perskekleur tot brandoranje, van roesbruin tot baksteenrooi of koraal tot gruiskleur bly sit. Kliënte wat 'n spesifieke kleur in gedagte het, is dikwels verbaas oor ons vertolking van hulle terracotta. Ons het al menige terracotta as die korrekte een aanvaar; dit sou dom wees om 'n goeie verhouding in gevaar te stel ter wille van 'n paar druppels bruin universele tinter! En dit bring ons by die kern van die saak: die noodsaaklikheid van 'n bruinerige skynsel in terracotta. Ons moedig ons studente aan om met die meng van terracotta te eksperimenteer. Aanvanklik begin hulle met 'n skrikwekkende mengsel van rooi en geel wat oranje tot gevolg het. 'n Titseltjie blou verander dit in 'n bruin mengsel. Na gelang van die hoeveelhede van hierdie drie bestanddele kan jy 'n rooi, geel of bruin terracotta kry. Vir 'n sagte, poeieragtige kleur voeg jy eenvoudig 'n bietjie van hierdie gekonsentreerde mengsel by wit.

Van ons mees geslaagde terracottas was:
- Rock Melon (Plascon M52-4); 'n bruinerige pienk-oranje, 'n sterk kleur;
- Melon Glow (Plascon M52-2); 'n oranjepienk, ook sterk;
- Smoked Salmon (Plascon M52-3); bruinoranje;
- Candlelight (Plascon P22-4); bronskleurig maar sag;
- Blushing Rose (Plascon M21-5); beslis pienk;
- Terracotta – Plascon Wall and All.

Die muur op die vorige bladsy is geverf volgens 'n eenvoudige tegniek wat newelkleuring ("clouding") genoem word. Kies 'n terracotta of gebruik dieselfde een as ons: Plascon Polvin Antique Coral (Internasionale Kleurkaart 12-18D). Ander benodigdhede is 'n blik wit Plascon Polvin, 'n emulsie- of soortgelyke kwas (100 mm) en 'n kleiner verfkwas (50 mm), 'n paar plastiek- of ou kombuislepels en 'n groot effekleurige emaljebord. Skep 'n paar lepels vol wit Polvin en 'n kleiner hoeveelheid Antique Coral in die bord. Dit maak nie saak as die twee kleure 'n bietjie meng nie.

Tel 'n bietjie wit Polvin met die emulsiekwas op en wend dit op die muur aan: verf 'n onreëlmatige vorm en rand dit weg. Hou aan met verf totdat die kwas heeltemal droog is. Eers dan kan jy 'n bietjie Antique Coral optel; moet dit nie oor die wit verf nie, maar langsaan. Sodra die kwas nie meer verf aan het nie, kan jy na die area tussen die wit en Antique Coral terugkeer om die twee kleure by mekaar in te skakeer. Indien die inskakering moeilik is omdat die verf te vinnig droog word, kan jy die punte van die kwashare met water natmaak. Die proses word herhaal sodat sagte kleur-"wolke" op 'n wit agtergrond gevorm word. Die grootte, vorm en kleursterkte van die "wolke" hang van jou smaak af. Ons verkies om effens skuins oor 'n muur te werk om meer "beweging" aan die effek te gee. Mits jy die inskakering van kleure vervolmaak, is dit moontlik om terug te gaan na dele waarmee jy ontevrede is en dit te verander. Die sukses van hierdie tegniek lê in die poeieragtige voorkoms; dit skakel dus verseëlaars uit.

Bykomstighede

Die tafel met sy gedraaide pote was in 'n jammerlike toestand toe ons dit in 'n rommelwinkel ontdek het. Nadat ons dit liggies gestroop en deeglik geskrop het, het 'n gehawende maar karaktervolle tafel te voorskyn gekom. Ons poleer dit net af en toe met Cobra wit waspolitoer, met bevredigende resultate.

Die kas met krakiesafwerking (krakeluur) is binne en buite met Plascon Computacolor Jumbunna Orange (T69-5 – Polvin) geverf. Kwasstrepe is op die buiterame van die deure geverf en 'n sjabloonblaarmotief in Strathmore Green (U79-4) van Plascon Computacolor, gemeng met Plascon Polvin, is dwarsoor die deure aangebring. Die krakiesafwerking is geskep deur eers Heritage Transfer Glaze op die gesjabloneerde kas aan te bring en dit oornag te laat droog word. Daarna is 'n laag Heritage Crackle Glaze oor die hele kas aangebring. Albei hierdie glasure het 'n waterbasis en is helder en deurskynend. Namate hierdie laaste laag droog word, kan jy sien hoe die krakeluur op die oppervlak verskyn. Dit moet ook oornag goed droog word. Eers dan kan die krakies met 'n bietjie kunstenaarsolieverf gevul word om hulle te beklemtoon.

Gebruik 'n klein bietjie op 'n sagte doek; dit kan selfs baie effens met terpentyn verdun word. Vryf dit in die krakies in. Moenie in die versoeking kom om kunstenaarsakrielverf te gebruik nie – dit sal jou kraakglasuur afvee! Ons het 'n roomwit mengsel gebruik wat 'n sagte kontras met die rooi en groen skakerings vorm. Vee alle oortollige verf af sodat net die krakies duidelik gekleur is.

Die materiaal het 'n interessante geskiedenis. 'n Goeie vriendin het 'n plattelandse hotel in 'n wyn-en-vrugte-streek gekoop. Ons het haar met die versiering van die opgeknapte "jaghuis" gehelp en ons het besluit om die gordynmateriaal te ontwerp. Ons wou 'n herhalende motief hê en dit het ons op die gedagte van sjablonering gebring. Nadat die modelontwerp gesjabloneer is, moes ons kleurskeidings maak; dié is toe na die tekstieldrukateljee by die Kaapse Tech-nikon gestuur. Die eerste probeerslag se kleure was so teleurstellend, maar 'n Liberty-drukstof met pragtige skakerings het ons opnuut geïnspireer; ons het nuwe kleure gekies wat 'n ongelooflike verskil gemaak het.

As jy egter net 'n paar meter materiaal wil maak, kan jy dit eenvoudig met die hand sjabloneer (sien bladsy 115).

Neutrale kleure

Die natuurlike hout van 'n rusbank, die "gebleikte" tafel, antieke blikke met houtgreinafwerking en kalikogordyne harmonieer pragtig met mure wat met 'n sagte Plascon Beige Tan (M54-1) verouder is. Die klapperhaarmat vorm 'n voortreflike basis vir hierdie sepia-neutrale mise en scène.

*I*n die inleiding het ons gemeld dat beige in die negentigerjare hemelsbreed verskil van die dooie beige skakerings van die sestigerjare. Hier het ons 'n goeie voorbeeld. Die mure is verouder met Beige Tan (M54-1), 'n veelsydige kleur wat nóg beige nóg taankleurig nóg oker, maar 'n kombinasie van hierdie kleure is en verander na gelang van die lig wat daarop val: in skadu is dit beige, in sonlig oker en in elektriese lig taankleurig.

'n Netjiese wit Polvin-oppervlak is vir die veroudering voorberei – en dit is presies hoe 'n mens die eerste stap van die proses sou beskryf. Maak 'n seespons met water klam en druk dit goed uit. Skep 'n paar eetlepels vol onverdunde Polvin Beige Tan in 'n emaljebord of verfbak. Tel 'n bietjie verf met die spons op. Dit is baie maklik om die spons te oorlaai, wat dit noodsaaklik maak om die oortollige verf op die rand van die bord af te vee, of by voorkeur op skoon koerantpapier sodat jy die afdruk ook kan sien. Spons die muur na willekeur – die afdrukke kan soms dig opmekaar en soms yl versprei wees. Druk baie liggies en draai die spons effens na elke drukbeweging. Dit voorkom dat rye reëlmatige patrone gevorm word. Die tekstuur moet nie glad wees nie. Die mure het nou 'n vreemde maselvoorkoms, maar hou moed …

Vir die volgende stap moet jy 'n glasuur meng: gelyke dele van Plascon se waterbasis-Glazecoat Clear Matt en Plascon Polvin Beige Tan. Vryf hierdie glasuur oor die gesponste mure. Werk stadig oor die muur en vryf klein deeltjies op 'n slag met ferm bewegings. Die glasuur word vinnig droog; dus moet jy al die rande uitvryf of versag sodat daar geen onooglike merke is nie. Namate die glasuur oor die sponslaag aangewend word, word die voorkoms vanself sagter. 'n Tweede vryflaag is altyd raadsaam – dit versag die effek nog meer en verleen 'n subtiele voorkoms. Dit is nou wel baie ekstra werk, maar as jy spesiale aandag aan die hoeke en rande gee en die glasuur oral met 'n kwas tot teen die buitelyne afwerk, sal jy beloon word met 'n vertrek wat 'n professionele voorkoms het.

Bykomstighede

Die bedsprei bestaan uit pragtige geblomde en *toile de jouy*-materiaal. Die bruin-beige kleure vul mekaar aan en bruin omboorsel rond die eenvoudige ontwerp af. Die bruin en geruite seilkussings en tafeldoek bou die tema uit. Die ongewone samevoeging van ruite, blommotiewe en *toile de jouy* sorg dat die monotone skema interessant bly. Dit is trouens 'n goeie voorbeeld van "beige in die negentigerjare".

Die tafel is 'n doodgewone, moderne, mooi ontwerpte dennehouttafel wat kunsmatig gebleik (gekalk) is. Meubels is voorheen met kalk behandel om dit teen droë molm en kewers te beskerm en terselfdertyd 'n dekoratiewe funksie te hê. Weens kalk se toksiese eienskappe en die koms van uitstekende kewerwerende produkte het dit egter in onbruik verval. Die enigste beskikbare produk wat soortgelyk aan die tradisionele metode is, is Liming Wax deur Liberon, 'n duur ingevoerde artikel wat sy prys dubbel en dwars werd is. Ons sal hierdie puik produk en afwerking sonder huiwering vir gesofistikeerde eikehoutmeubels gebruik, maar sal twee keer dink voordat ons emulsieverwe gebruik om sulke meubels kunsmatig te bleik.

Ons beskryf hier drie metodes vir die kunsmatige bleiking van hout. Verskeie kunstenaars ontwikkel hul eie tegnieke, en ons wil dit duidelik stel dat daar 'n magdom maniere is om hierdie en ander effekte weer te gee.

Aangesien hierdie tegniek vereis dat kalk in die draad en holtes van die hout moet bly vassit, moet jy seker maak dat die draad oop en ontvanklik is. Alle oppervlakke moet dus vry van vernis, politoer of ander middels wees waaraan die kalk nie sal vaskleef nie. Skoon, rou hout is noodsaaklik, en as jy enigsins vermoed dat die draad verstop of toe is, moet jy die hout met 'n fyn draadborsel in die rigting van die draad afborsel. Pas op dat jy nie met 'n te growwe borsel groewe in die hout maak nie. Skuur daarna liggies met 120-graad-skuurpapier om van los, harige vesels ontslae te raak.

Die mees verfynde metode is om Liming Wax deur Liberon met baie fyn staalwol aan te wend – nie die huishoudelike soort nie, maar 'n spesiale staalwol wat deur meubelmakers en restoureerders gebruik word. Die geurige wit pasta word in al die hoekies en op alle oppervlakke aangewend sodat die meubelstuk lyk asof dit 'n slegte gesigpap ophet. Al jou moeite word egter beloon wanneer jy die was verwyder met 'n doek waarop Cobra wit vloerpolitoer aangewend is, en dit dan met 'n sagte doek poets. 'n Sagte, wasige wit kleur bly oor, terwyl die holtes en draad sterker gekleur is. Die geur van suiwer terpentyn hang in die lug, en die hout voel satynglad.

In ooreenstemming met huidige versieringstendense kan jy die bleikwas tint: los baie klein hoeveelhede kunstenaarsolieverf met die gewenste kleure in suiwer terpentyn op en voeg dit by die was. Moenie te veel terpentyn gebruik sodat die pasta loperig is nie.

'n Baie maklike, maar doeltreffende metode vir kunsmatige bleiking is om drie dele Plascon wit Polvin met een deel water te verdun. Dit word aan die rou, skoon hout gevryf of met 'n kwas aangebring, en dan afgevee sodat die gewenste graad van witheid agterbly. Herhaal die proses as dit nie wit genoeg is nie; indien dit te wit is, kan jy dit laat droog word en dan die oortollige wit afskuur. Indien jy van plan is om die oppervlak te vernis, is dit raadsaam om 'n baie witter oppervlak te skep as wat nodig is, aangesien vernis die kleur "verswelg" om dit deurskynend te maak. Hierdie metode is veral geskik vir moderne dennehoutmeubels, maar onthou om net onverniste meubels te koop. Enige kleur kan gebruik word, maar hou in gedagte dat 'n vernislaag die kleur sal verander. Wit word geel en blou word groen, terwyl ander kleure in mindere mate geraak word. Plascon se oliebasis-Glazecoat (CV82) verander nie kleure nie. Dit bly helder en het 'n glans wanneer dit droog is. As jy 'n mat afwerking verkies en die glans wil teëwerk, kan jy drie opeenvolgende lae CV82 aanwend; laat elke laag heeltemal droog word voordat jy die volgende aanwend. Sodra die oppervlak kurkdroog is, kan jy dit met baie fyn skuurpapier (niks growwer as 120-graad nie!) afskuur. Dit kan nogal ontstellend wees om te sien hoe die oppervlak 'n dofgrys kleur kry, maar dit word agterna met Cobra wit vloerpolitoer gepoleer en met 'n sagte doek gepoets. Die lieflike, sagte patina sal jou verstom!

Ons ontvang talle navrae oor die bleik van vloere. Die basiese beginsels wat hierbo

beskryf word, geld in alle opsigte: werk op skoon, rou hout, gebruik verdunde emulsie- (PVA-) verwe vir waterverflae en onverdunde emulsie vir sjablone of handgeskilderde randpatrone. Daar is talle patente verseëlaars in die mark, maar ons verkies Plascon Glazecoat Gloss of Matt. Drie lae behoort 'n vloer goed genoeg te verseël om twee jaar se verkeer te dra voordat dit weer verseël moet word.

'n Derde manier om 'n verbleikte effek te skep, is om 'n vernis, Woodcoat Suede – X44 of Gloss X33 – as middel te gebruik. 'n Bietjie Titanium White kunstenaarsolieverf moet in 'n bietjie terpentyn opgelos word voordat dit by die vernis gevoeg word. Die hoeveelheid hang af van hoe wit jy die hout wil hê, maar te veel Titanium White in hierdie mengsel sal beslis die deurskynende effek bederf. Roer die olieverf liggies by; moenie die vernis skud nie, want dit sal lastige lugborrels tot gevolg hê. Aangesien hierdie mengsel vinnig droog word en vernis baie klewerig is, moet jy baie vinnig en doelgerig te werk gaan. Die eindresultaat is werklik mooi, maar nogtans oppervlakkig. Verkleuring is ook onvermydelik.

'n Uiters doeltreffende manier om 'n gebleikte effek te verkry, hang af van die kombinasie van deurskynendheid en troebelheid wat met verdunde onderlaag verkry word.

Die hout wat gebleik moet word, moet óf nuut en onbehandel wees, óf alle verf, vernis of olies moet afgestroop wees. Meng een deel Plascon Universal Undercoat – Merit – en een deel mineraalterpentyn. Verf hierdie mengsel aan die hout en werk dit in die grein in. Terwyl dit nog nat is, moet alle oortollige onderlaagmengsel met 'n absorberende, pluisvrye doek afgevee word. Jy kan die hoeveelheid wit wat in die grein en hoekies agterbly, reguleer. Behandel telkens dele wat klein genoeg is om te hanteer voordat hulle droog word. Laat 'n nat rand om 'n gladde afwerking te verseker.

Afronding behels 'n deeglike behandeling met wit vloerpolitoer, of twee lae Woodcoat Suede (X44) wat vergeling kan meebring, of twee lae oliebasis-Glazecoat (CV82) wat taamlik blink is, maar nie met ouderdom vergeel nie.

Hou asseblief in gedagte dat 'n mate van witheid verlore gaan as jy die eindproduk vernis; dit is dus 'n goeie idee om genoeg wit te behou om dié verskynsel teen te werk.

Die pragtige ou speseryblikke is baie spesiaal danksy hulle oorspronklike verfafwerking wat goed behoue gebly het. Albei is op die tradisionele manier gegreineer om hout na te boots. Die plat, ovaal blik is klaarblyklik gepers en in 'n fabriek vervaardig – 'n nutsartikel – maar het die karakter van die tradisionele houtspeserykissie kortgekom; daarom is dit met 'n houtgreinafwerking geverf. Hierdie soort blikke was algemeen.

'n Moderne weergawe van sulke houtgreinering vereis 'n aanvanklike laag rooi metaalgrondverf met 'n waterbasis (Anti-Rust Coating) wat die hele blik bedek. Daarna maak jy 'n dik, romerige mengsel van poeierverf (Raw Umber poeiertempera wat in skole gebruik word), water en 'n druppeltjie opwasmiddel om die mengwerk te vergemaklik. Dit word op die droë rooi grondlaag geverf en met 'n slaankwas ("flogger" – 'n baie lang sagtehaarkwas) geslaan. Beweeg die kwas weg van jou af terwyl jy die nat verfoppervlak vinnig slaan. Die tekstuur wat verkry word, lyk soos 'n veselagtige houtdraad met die rooi wat deurskyn. Werk met klein gedeeltes op 'n slag en moenie die droë dele onnodig hanteer nie. Sodra die hele oppervlak droog is, moet dit 'n laag Woodcoat poliuretaanvernis – Suede (X44) kry. Maak 'n oliebasisglasuur van een teelepel terpentyn, een eetlepel Plascon Scumble Glaze en ongeveer 5 cm Van Dyck Brown kunstenaarsolieverf uit die buisie gedruk. Gebruik hierdie mengsel om 'n streeptekstuur bietjie vir bietjie oor die hele oppervlak te kwaskam. Dit maak die draad van hout na, maar moet nie die veselagtige tekstuur daaronder verbloem nie. Kyk na voorbeelde van regte hout om die grafiese aspek reg te kry. Sorg ook dat die kwas die regte tekstuur het om die strepe te maak wat jy wil hê. Laat oornag droog word en vernis dan die hele oppervlak met Woodcoat poliuretaanvernis – Suede (X44).

Wit en goud

Kraakvars wit! 'n Uitsluitlike wit kleurskema kan soms ook gewaag wees. In hierdie rustige vertrek met sy romantiese elemente is die mure netjies afgemerk en met goue kroon- en Franse leliesjablone versier. 'n Delikate, kromgetrekte tafel asook die horlosievoetstuk is met wit Velvaglo geverf. 'n Oliebasis-vergulde volstruiseier, waterbasis-vergulde ster, die kwikglas en glasvase met vergulde rande rond die goue tema af. Die spierwit gordyne kan in 'n japtrap afgehaal en gewas word.

Sagte wit skakerings met goue kontraste skep 'n stemmige, romantiese interieur. Die vertrek is wit geverf en toe in 'n reëlmatige vierkantrooster teen 'n hoek van 45 grade afgemerk. Sodra die grootte van die vierkant bepaal is, kan 'n patroonplaat uit karton gesny word en kan eenvoudige kolletjies gemaak word om die presiese plekke vir die sjablone aan te dui. 'n Waterpas sal help om die vertikale en horisontale lyne reguit te hou.

Raadpleeg asseblief die hoofstuk oor sjablonering (bladsy 115) vir aanwysings oor hoe om sjabloonpapier te maak. Ons het besluit om 'n kroon- en 'n Franse leliesjabloon uit te sny. Hulle is om die beurt gerangskik en met 'n sjabloonkwas en Plaka Rich Gold gesjabloneer. Met so 'n gesjabloneerde muur het 'n mens nie prente of materiaal met opvallende patrone nodig nie. Ons het besluit om die eenvoud te behou: die stoel is met effekleurige wit katoen gedrapeer, terwyl die gordynmateriaal fyn voile met 'n wit Franse leliedrukmotief is.

Bykomstighede

Die klein tafeltjie met sy twee laaie is 'n nuttige eerder as 'n elegante meubelstuk wat van verskeie houtsoorte gemaak is en gevolglik krom getrek het! Dit is met wit Plascon Velvaglo (halfglansemalje) geverf en het op dié manier in aansien gestyg.

Die sterre is van gevormde hars wat verguld is. Ons het hulle op verskeie maniere ingespan: 'n ry sterre teen die muur onder 'n kroonlys geplak, verbeter die voorkoms van 'n hoë muur; aan hake weerskante van 'n venster vasgemaak, dien hulle as terugbinders; op 'n eetkamertafel is hulle dekoratiewe servetdrukkers.

Die verguldingsproses word in 'n afsonderlike hoofstuk beskryf. Hou in gedagte dat Wundasize volmaak aan hars vaskleef en dat jy dus die stappe op bladsy 104 kan volg.

Swart en wit

Die bekoring van swart en wit lê daarin dat nie een van dié twee ooit net 'n vervelende, gelykmatige kleur is nie. 'n Mens sien altyd 'n glinstering in swart glas, 'n draad in hout wat swart gespuitverf is, 'n kontoer op 'n stoel met wit bekleedsel ...
'n Onooglike muur was die grootste probleem in die vertrek links. Na baie beraadslaging is daar besluit om 60 cm-hardebordvierkante te gebruik, dit 'n tekstuurlaag met Polycell Ripple te gee en dan met 'n baie klein hoeveelheid swart glasuur te vryf.

Monsterborde word mettertyd lelik, vol skrape en uitgedien. Ons het 'n hele paar van hierdie hardebordvierkante gehad en dié uitgesoek wat ewe groot was, of hulle ewe groot gesny. Aangesien baie van hulle erg beskadig was of 'n lelike tekstuur gehad het, het ons besluit om almal 'n eenderse tekstuurlaag met Polycell Ripple te gee. Hiervoor het ons 'n plastiekspatel gebruik en werwelpleks van riffelpatrone gemaak. Ons het elke bord met 'n dik laag Ripple geverf en toe die spatel daardeur getrek om boogvormige waaierpatrone te maak. Die borde is plat neergelê om droog te word.

Gelukkig het ons 'n houtmuur gehad om die borde aan vas te spyker, maar staalspykers sal hulle ongetwyfeld aan 'n gepleisterde muur vassit. Slegs een spyker is by elke hoek gebruik.

Ons het die borde eers geglasuur nadat hulle aan die muur vasgesit is. Maak 'n waterbasisglasuur met een koppie Plascon Glazecoat en ongeveer drie teelepels swart Polvin en vryf dit op die vierkante. Ons het elkeen afsonderlik behandel en kontrasterende ligte en donkerder skakerings geskep. Terwyl die glasuur droog geword het, het ons die verhewe dele van die tekstuurlaag afgevee om die wit onderlaag bloot te lê. Na die eerste bord het ons bedenkinge gehad, maar nadat ons nog 'n paar voltooi het, was die effek duidelik sigbaar – en baie treffend! Iewers in 'n gereedskapskis het ons 'n paar dekoratiewe 20 mm-metaalklinknaels gekry – oud en geoksideer, maar ideaal om in die hoeke vas te sit. Op die oog af lyk dit asof die klinknaels alles bymekaar hou, maar eintlik verskaf dit net die finale afronding.

Bykomstighede

Die tafel (bladsy 62) is 'n holkerndeur wat op 'n stel ysterpote rus. Drie lae wit Velvaglo op die rou, maar deeglik geskuurde houtblad het 'n werklik voortreflike afwerking verskaf.

'n Ou Afrika-kleipot staan hoog en droog op 'n Art Deco-glasvoetstuk. Die tafellamp is deur Marlene Wyser Interiors vervaardig, en die glaskrale wat op die lampkap vasgewerk is, verleen 'n ongewone effek. Die stoel is met seildoek oorgetrek en het 'n interessante tykomboorsel om die rande. Die swart-en-wit sy wat oor die stoel gedrapeer is, is 'n oorskietstuk wat van 1970 dateer, maar nog steeds in die mode is. Die geronde laaikas is nie werklik swart nie, maar die kleur van ebbehout. Die vloeiende lyne kontrasteer pragtig met die strak agtergrond, hoewel die kurwes in die stoel se rugleuning en die tafelpote herhaal word.

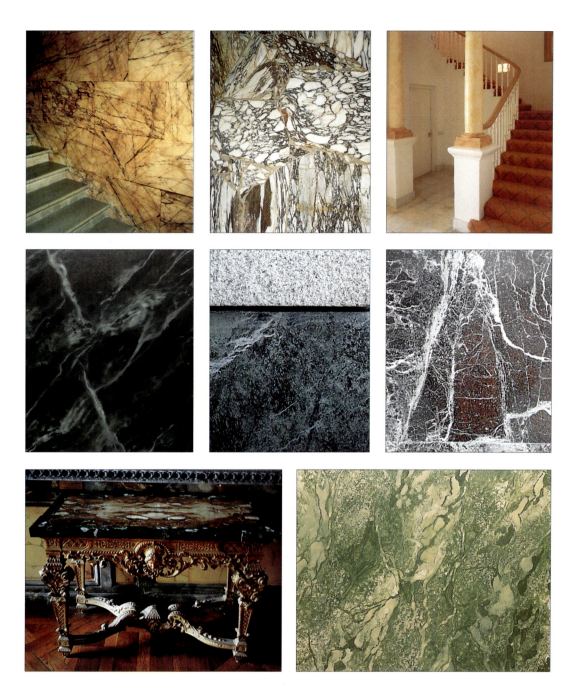

Marmerwerk

Hierdie marmerpanele het 'n formele vorm, maar die skilderstyl is baie informeel. Uitsonderlike groot diagonale marmerpatrone is suiwer fantasie en skerp kontrasterende kleure verleen 'n dramatiese element aan hierdie studeerkamer. Die lessenaar is groen geverf en het 'n antieke patina, terwyl die werkoppervlak gepoleerde hout is. 'n Sterk etniese patroon op die vloer sorg vir 'n interessante uiteenlopendheid van style.

*D*ie fantasiemarmerwerk op ons hooffoto is met waterbasisglasure geskep. Omdat dié glasure vinnig droog word, moet 'n mens noodgedwonge vinnig en met vrymoedigheid werk om hierdie grafiese en sterk panele voort te bring.

Begin met 'n gladde onderlaag wit Plascon Polvin of Double Velvet. Hoewel ons 'n fantasie-effek wou hê, het ons die idee van panele – 'n "marmertradisie" – behou. Dit is taamlik maklik om panele af te meet. Hou die groottes hanteerbaar en moenie bang wees om hulle met dun potloodstrepe af te merk nie. Om netjiese vorms te verkry, is 'n waterpas onontbeerlik. Aangesien die sentrale panele eerste geskep word, moet hulle afgemerk word met maskeerband wat minder klewerig gemaak is. Meng 'n waterbasisglasuur met een deel Polvin in die kleur van jou keuse (ons het Beige Tan M54-1 gebruik) en twee dele van Plascon se waterbasis-Glazecoat Clear Matt. Gebruik 'n 50 mm-verfkwas ('n ouerige een, indien moontlik, sodat die punt al spits is) en wend die glasuur in diagonale stroke aan, plek-plek in 'n dun lagie en elders in dikker lae. Jy kan selfs die grondkleur hier en daar laat deurskyn om 'n kontras te skep. Met die kant van die kwas kan jy dun, sterker gekleurde are skep. As jy vinnig genoeg te werk gaan, kan jy selfs 'n ekstra tekstuur skep deur 'n bietjie glasuur met 'n doek af te vee voordat dit droog is. Hou dit egter eenvoudig aan die begin; as alles eers droog is, kan jy altyd nog glasuur aanwend om 'n laageffek te skep.

Dit is soms moeilik om marmerpatrone weer te gee; jy sal natuurlike marmer moet bestudeer en oefen totdat jy jou eie styl vir die voorstelling daarvan ontwikkel het. Jou kreati-

witeit sal jou lei, mits jy genoeg deursettingsvermoë aan die dag lê.

Sodra die sentrale panele droog is, kan jy die maskeerband verwyder en weer gebruik om die "rame" af te meet. 'n Soortgelyke glasuur (Glazecoat en Polvin) in 'n kontrasterende kleur word hiervoor gebruik. Ons het 'n roesrooi kleur (Plascon Polvin Standaardkleur Ascot Tan) as 'n taamlike dramatiese agtergrond gekies. Die glasuur word weer eens oor die oppervlak aangestryk om die marmerpatrone te vorm.

Aangesien die glasuur Glazecoat bevat, is dit nie nodig om hierdie oppervlakke op mure te verseël nie. Meubels wat op hierdie manier geverf is, veral as dit dikwels gebruik word, moet twee deklae Woodcoat (X44) of iets soortgelyks kry.

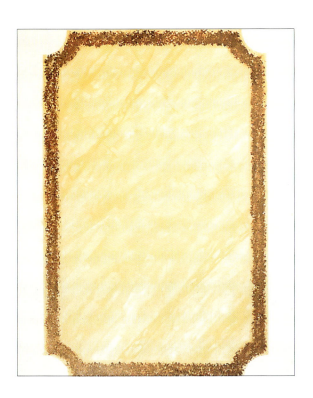

*E*envoudige grys marmer kan maklik nagemaak word, mits jy die basiese stappe volg en oefen. As jy eers die basiese beginsels onder die knie het, kan jy jou hand aan veelkleurige marmerpatrone waag en selfs verdienstelike fantasie-marmerafwerkings in moderne interieurs skep.

1. Ons sal nooit die dag vergeet toe ons met ons eerste kursus in marmerwerk in 'n interessante ateljee op 'n klein Engelse dorpie begin het nie. Skielik is ons gekonfronteer met 'n verskeidenheid van gereedskap en middels wat ons nog nooit tevore teëgekom het nie! Een daarvan was 'n besonder sagte en pragtig gekleurde kwas wat klaarblyklik baie goed versorg was. Dié kwas het 'n bababoetie met 'n metaalbeslagring (die houer vir die hare) gehad. Hulle is die dassiehaarkwaste wat hier saam met ander marmerwerkgereedskap afgebeeld word ... 'n emaljebord, 'n gewone 50 mm-kwas, 'n sagte varkhaarkwas, 'n seespons, 'n veer en 'n paar doeke. Die buisies verf is kunstenaars-olieverf in drie kleure: Davey's Grey, Payne's Grey en Titanium White. Nog benodigdhede wat nie op die foto verskyn nie, is mineraalterpentyn, rou lynolie en Plascon se terebienuitdroër.

Berei 'n olieglasuur ("film former" of "megilp") met een deel rou lynolie, twee dele mineraalterpentyn en 'n teelepelpunt Plascon terebienuitdroër. Moenie 'n groot hoeveelheid meng nie; 'n paar eetlepels vol is genoeg om mee te begin. Vir alle praktiese doeleindes moet jy op 'n satyngladde oppervlak werk wat met Velvaglo halfglansemalje geverf is – in dié geval wit. Maak 'n pluisvrye doek met 'n bietjie olieglasuur nat en vryf 'n dun lagie hiervan op die oppervlak wat geverf moet word. Moet dit nie te dik aanwend nie! Berei 'n oppervlak van sowat 500 mm^2 voor sodat jy al die verskillende stappe kan voltooi voordat die glasuur droog word. Werk in onreëlmatige patrone eerder as presiese vierkante; sodoende is die plekke waar jy opgehou en weer begin het nie so opvallend nie.

Gooi of skep nou 'n bietjie olieglasuur in die middel van die bord. Gebruik 'n gewone 25 mm- of 50 mm-kwas om 'n bietjie Titanium White en Davey's Grey by die olieglasuur te meng totdat jy 'n liggrys mengsel met die konsistensie van dun room het. Dit staan bekend as 'n glasuur: dit is deurskynend omdat dit 'n oliebasis het, en opaak omdat dit pigment bevat.

"Vroetel" nou – asof jy senuagtig is! – die grys oor die voorbereide oppervlak. Ons werk effens diagonaal omdat dit beweging verleen en "marmer altyd iewers heen gaan ..." Die bewegings moet spontaan, natuurlik en ietwat impulsief wees. Herhaal hierdie kwasmerke met donkerder mengsels van Payne's Grey, Titanium White en olieglasuur. Laat taamlik baie van die wit agtergrond onaangeraak.

2. Begin met die stippelwerk. Hou 'n varkhaarkwas vas amper soos jy 'n pen sou vashou. Druk die droë kwashare telkens vinnig op die pas geglasuurde oppervlak om die skakerings en tone effens te vermeng en ook om oraloor 'n sagte, grinterige tekstuur te skep. Sodra die kwashare vol glasuur raak, is dit raadsaam om dit met 'n skoon doek af te vee. Deur middel van stippeling tel jy 'n bietjie glasuur op en laat terselfdertyd 'n bietjie agter. Die olieglasuur help dié proses aan, en as jy pigment oor die oppervlak wil versprei, kan jy die kwas effens skuins hou en die kleur met sywaartse bewegings aanskuif. Stippel die hele oppervlak nog 'n keer.

3. Maak jou vingers effens in die olieglasuur nat en droog dit met 'n skoon, pluisvrye doek af. Doen dit 'n paar keer; nie om die doek te deurweek nie, maar om dit effens te olie. Draai dit in 'n los roosfatsoen en druk of rol dit liggies oor die gestippelde oppervlak – net hier en daar en baie effentjies.

4. In hierdie stadium begin ons die dassiehaarkwas gebruik. Vee liggies oor die hele geverfde oppervlak met die sagte hare om die effek te versag. Geen kwasmerke mag sigbaar wees nie. Sommige versierders sê hulle "slaan dit terug", asof 'n ligte lagie oor die hele oppervlak gevorm word en die effekte terugwyk. Die ligte vee- of verfbewegings kan in enige rigting uitgevoer word, waar dit ook al nodig is. Let op hoe die kwas vasgehou word vir die maksimum gemak en doeltreffendheid.

5. Maak 'n natuurlike seespons in water nat en druk dit so goed moontlik uit. Giet 'n matige hoeveelheid olieglasuur in 'n vlak bakkie. Tel 'n bietjie daarvan met die spons op, maar vee enige oortollige olieglasuur op die bakkie se rand af voordat jy dit op dele van die agtergrond spons.

Kyk mooi wat gebeur wanneer die olieglasuur ('n oplosmiddel) die glasuur oopmaak – dit is soos 'n wonderwerk! Voordat dit te veel oopgaan, moet jy met die dassiehaarkwas oor die oppervlak gaan om oortollige olieglasuur te verwyder en die effek te versag. Jy het nou 'n lieflike klipvoorkoms geskep en kan hiermee volstaan as dit jou oogmerk was. Jy kan natuurlik ook verskillende klipkleure hiervoor gebruik.

6. Om are in te teken, verg baie oefening en noukeurige bestudering van werklike marmer. Daar is net soveel maniere om are voor te stel as wat daar voorbeelde in die natuur is. Probeer egter om herhaling te voorkom! Doop die veer in 'n bietjie glasuur wat oor die algemeen donkerder as die marmer is. Trek dit spontaan oor die oppervlak, soms in 'n reguit lyn en soms sywaarts met rukkerige bewegings, of druk op die veer om dit oop te forseer. Hoe ook al, die bewegings moet vry en natuurlik wees. Moet aanvanklik nie te veel are teken nie.

7. Gebruik die klein dassiehaarkwassie om hierdie are te versag.

8. Doop 'n fynkwas ('n plat kunstenaarskwas) in olieglasuur en gebruik dit om regdeur sommige dele – liefs langsaan die are – tot op die wit agtergrond te sny. Hierdie dele moet met die dassiehaarkwas versag word.

9. Jou laaste stap is om die paneel 'n netjiese raam te gee. Merk 'n raam liggies reg rondom die rand van die paneel af. Jy kan 'n potlood gebruik; as jy liggies te werk gaan, hoef dit nie uitgevee te word nie. Plaas 'n strook 80-graadskuurpapier (sowat 50 mm breed) onderstebo op die werk wat behou gaan word, met die een kant presies op die potloodstreep. Maak 'n doek effens klam met olieglasuur en vee alle glasuur langs die buiterand af. Herhaal die proses reg rondom om 'n baie netjiese rand te skep. Dit is uiters bevredigend om 'n marmerpaneel só te sien vorm aanneem.

Klipafwerking

Twee verslete Lloyd Loom-stoele het helder geblomde kussings gekry wat kleuraksente in die monochromatiese dekor inbring. Die vorms van ruwe klipblokke is met maskeerband afgemerk en toe met 'n waterbasisglasuur geverf. Die sementpot is op dieselfde manier, maar in donkerder skakerings, geglasuur. Klapperhaarmatwerk is 'n duursame, getekstureerde vloerbedekking wat goed met die agtergrond harmonieer.

*D*ié muur, wat met wit Polvin geverf is, is die ideale oppervlak vir hierdie afwerking. Indien jy 'n meer reëlmatige klipblokontwerp wil hê, moet jy maskeerband in reguit horisontale lyne op die muur plak om die blokke af te merk. Hou in gedagte dat maskeerband die verf van die muur kan aftrek. Maak 'n gewoonte daarvan om maskeerband eers minder klewerig te maak voordat jy dit op 'n geverfde oppervlak plak: plak dit aan jou klere of 'n tapyt vas en trek dit dan af.

Om ruwe klipblokke na te boots, het ons die buitelyne met maskeerband afgemerk. Ons het elke strook maskeerband in die lengte middeldeur geskeur en toe die twee helftes met hul reguit kante teen mekaar vasgeplak. Op dié manier word 'n ruwe kronkellyn geskep wat die pleister tussen die blokke voorstel. Sodra die hele muur met maskeerband afgemerk is, kan die kleur aangewend word.

Meng 'n glasuur van een deel Plascon Glazecoat Clear Matt en een deel Plascon Polvin Beige Tan (M54-1). Gebruik 'n sintetiese badspons om die glasuur oor die hele muur aan te wend en werk stelselmatig van een blok na die volgende. Skep ligter dele waar die wit onderlaag deurskyn, en donkerder dele waar jy die glasuur dik aanverf sonder om dit te laat drup. Druk die spons in die nat glasuur om 'n sterk, grinterige tekstuur te skep voordat jy met die volgende blok begin. In dié stadium lyk die muur nog valerig, maar dit moet 'n tweede kleur kry. Meng nog 'n glasuur met een deel Plascon Glazecoat Clear Matt en een deel Brown Gold Polvin (D61-8).

Wend hierdie tweede glasuur net soos die eerste een aan om 'n sterker gevlekte tekstuur te skep. Die maskeerband kan verwyder word sodra die hele muur bedek is. Die wit strepe wat nou blootgelê word, moet behandel word. Vryf en druk 'n bietjie van die tweede glasuur oor al hierdie strepe. Moenie bekommerd wees as die glasuur op die blokke kom nie – versag dit eenvoudig met jou spons. As jy nou terugstaan om jou handewerk te bekyk, sal jy sien dat die blokke se rande donkerder is, wat die indruk wek dat die blokke uitstaan en geronde rande het.

Ons het net twee kleure gebruik, maar meer kleure kan 'n interessante effek skep. Die blokke kan ook verskillende kleuraksente hê – asof hulle nie almal uit dieselfde deel van die steengroef afkomstig is nie.

Vir mure met 'n dieper kleur kan jy op 'n donkerder agtergrond werk en 'n selfs donkerder glasuur gebruik. Dit is presies hoe ons *trompe l'oeil*-teëls skep.

Hulle kan op rou sementvloere geskilder word, mits die sement droog of by voorkeur taamlik verouder is. Skoon houtvloere – nuut en sonder enige vernis of politoer – is ook 'n geskikte agtergrond.

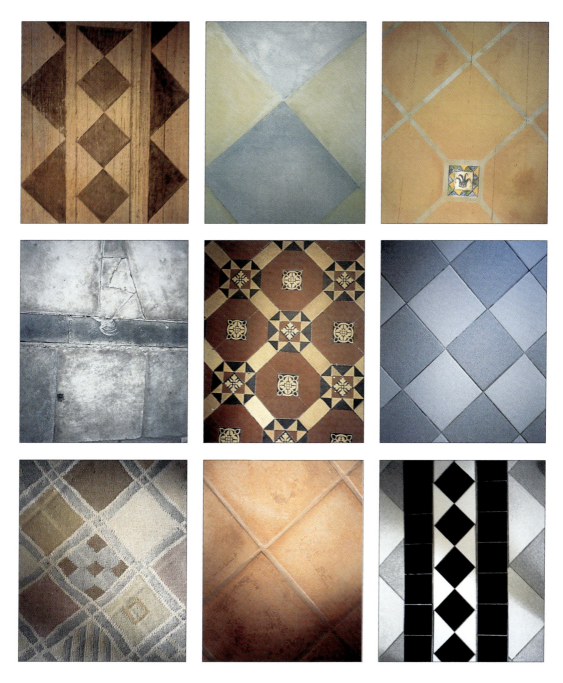

Vloerteëls

Hierdie "geteëlde" vloer is in werklikheid 'n geverfde stuk veselbord. Elke teël is afsonderlik geverf met donker rande om afmetings weer te gee en 'n klein handgeverfde teël tussenin om 'n reëlmatige patroon te vorm. 'n Voëlbad wat voorheen met afgedopte verf gespog het, is geverf met 'n mengsel van 'n terracotta Polvin en Plascon waterbasis-Glazecoat (REF. 1125). Die gesandspuite stoel spog met 'n pragtige roespatina wat deur 'n hele paar lae Woodcoat poliuretaanvernis (X44) bewaar is.

Vloerteëls: stap vir stap

1. Gebruik 'n kwas of verfroller en bedek die hele vloeroppervlak met Plascon Wall and All Sand (Standaardkleur). Dit is op sigself reeds 'n uiters duursame oppervlak.

Meet nou die teëls oor die hele vloer uit: hiervoor het jy die hulp van 'n vriend en 'n slaglyn nodig. Die ontwerp kan probleme skep, maar dit sal baie help as jy eers na werklike teëlvloere – selfs by teëlhandelaars – gaan kyk. Sodra al die krytstrepe getrek is, kan jy maskeerband daaroor plak. Kies jou eie breedte, maar gebruik liewer maskeerband wat smaller as 22 mm is.

2. Wanneer jy die maskeerband plak, kan jy vir 'n insetsel voorsiening maak – 'n netjiese vierkant by elke tweede kruising waar vier teëls bymekaarkom.

3. Gebruik 'n handwerkmessie (NT-snyer of Stanley-messie) om die gekruisde maskeerband uit die middel van die vierkant te sny.

4. Gebruik 'n waterbasisglasuur (een deel Plascon Glazecoat Clear Matt gemeng met een deel Polvin Ascot Tan Standaardkleur) op 'n sintetiese badspons om 'n dieper deurskynende kleur op die teëls te vryf of te druk. Verf een teël op 'n slag en maak die rande donkerder. Dit laat die teëls effens "opstaan". Verf diagonaal oor die hoeke sodat hulle uiteindelik effens gerond sal voorkom, en nie skerp soos die hoeke wat deur die maskeerband gevorm is nie.

5. Verf die klein teëlinsetsel met 'n kontrasterende kleur. Ons het wit Polvin gebruik, maar enige kleur wat by die interieur pas, is geskik. 'n Handgeskilderde motief van 'n blou Polvin het ons vloer afgerond, maar 'n sjabloonontwerp of eenvoudige verouderde kleur kan ook baie mooi lyk. Werk met Polvin of akrielverf.

6. Verwyder die maskeerband en vryf 'n bietjie van die Ascot Tan glasuur oor die "bryvulling". Jy kan maar op die teël mors, maar hou die insetsel skoon en versag die rande van hierdie vryflaag. Dit sal die vorm van die teëls verbeter.

Laastens kan drie lae Plascon Glazecoat Clear Matt met 'n verroller oor die hele vloer aangebring word. Hoewel Glazecoat baie vinnig droog word, moet jy heeltemal seker maak dat een laag droog is voordat die volgende een aangebring word. As Glazecoat gebruik word om Polvin te verseël, sal dit nie die kleur verander nie en minstens twee jaar hou voordat dit weer aangewend moet word.

Veroudering

Vir hierdie kombinasie van etniese voorwerpe moes die mure op 'n primitiewe manier geverf word. Die mure was na ons mening 'n te strak agtergrond, en ons het dus 'n eenvoudige bruin kleur gekry wat aan die meeste kulture bekend is. Die muurbehangsel is 'n raffia-en-lap-weefwerk uit Madagaskar, die hoë mandjie en die tafel is Oosters, die pot en gesnede leeu is uit Afrika, die kelim Midde-Oosters en die stoel 'n sypaadjie-winskoop uit die veertigerjare, oorgetrek met 'n buitensporige duur Franse veloer met 'n luiperdmotief.

Veroudering van 'n wit muur

Die mure het 'n goeie onderlaag Plascon wit Polvin gekry. In hierdie stadium moet hulle goed geverf, onberispelik en oënskynlik voltooi wees.

Meng 'n bruin glasuur met Plascon se waterbasis-Glazecoat Matt (REF. 1125) en Buffalo se universele tinter (bruin). Die verhouding hang grootliks af van hoe diep jy die skakering wil hê. Moenie liters glasuur meng nie. Begin met hoogstens een liter Glazecoat vir 'n vertrek van gemiddelde grootte; selfs dit kan nog te veel wees. Voeg afgemete hoeveelhede (teelepels vol) universele tinter by. Skryf die hoeveelhede neer ingeval jy die mengsel moet herhaal. Toets die glasuur op 'n onopvallende plek en vee dit so gou moontlik met 'n nat lap of spons af. Onthou, die universele tinter is 'n uiters gekonsentreerde pigment – met 'n klein bietjie kan jy ver kom.

Ons het die vryfwerk met 'n gewone, ronde, sintetiese badspons (vyf-in-'n-pak by die plaaslike supermark) gedoen. 'n Absorberende doek sal ook geskik wees. Vryf die glasuur lukraak aan, maar vryf die rande uit, d.w.s. verdun die kleur by die rande totdat die spons droog is. Moenie die spons met glasuur oorlaai nie; gebruik liewer 'n klein bietjie op 'n slag, maar meer dikwels. Dit is baie beter om 'n lig gekleurde glasuur te gebruik en twee lae aan te wend, as om 'n dik laag onhanteerbare donker glasuur aan te plak.

'n Belangrike detail wat dikwels oor die hoof gesien word, is die afwerking by die vloer- en kroonlys. Hou 'n kwas byderhand om hierdie dele af te rond. Tel 'n titseltjie glasuur op en vee met die kwas langs die vloer- en kroonlys. Skakeer hierdie rand by die geverfde muur in deur dit met die kwas of die droë spons uit te vee. Dit is ook makliker om die hoeke met 'n kwas af te werk. 'n Spons is geneig om vlekke op die aangrensende muur te maak wanneer jy in 'n hoek probeer inkom. Jy het tyd en geduld nodig om 'n gevryfde muur af te rond. Hierdie effens donkerder raam is die verskil tussen 'n oorhaastige, amateuragtige afwerking en 'n kunswerk wat respek en bewondering sal uitlok.

Kopergroen

Die delikate tone van kopergroen word in dié stillewe gedemonstreer. Op die agtergrond is 'n krans van geelkoper wat chemies geoksideer is en 'n kollerige, maar subtiel geskakeerde tekstuur het. Die plantpot en -bakke is met Polvin-verwe gespons, maar het 'n soortgelyke tekstuur. Die terracottapot is met 'n bladgoudrand afgerond.
'n Ou, onbeduidende gedraaide houtkissie is in verskillende tone van 'n effens anders geskakeerde kopergroen geverf. Kwasmerke is versag en die voltooide kissie is met Cobra wit vloerpolitoer gepoleer en blink gevryf.

Tydens ons verblyf in Newent, Gloucestershire, het ons op 'n klein glasfabriek, 'n familieonderneming, afgekom. Ons het 'n paar tierlantyntjies van turkoois gespikkelde glas daar gekoop en ontdek dat hierdie familie eers in Bergvliet, Kaapstad gewoon het! Die tierlantyntjies het ons aan kopergroen laat dink en is by die foto ingesluit om tot die skoon, vars en rustige komposisie by te dra.

Kopergroen: stap vir stap

Die Engelse naam vir kopergroen – "verdigris" – se letterlike betekenis in die oorspronklike Frans is "groen-grys". In algemene versierdersterme het dit egter 'n baie breër betekenis gekry. Wanneer daar verwys word na die kleur van geoksideerde koper of geelkoper dink 'n mens onwillekeurig aan 'n spesifieke turkoois-groen-grys kleur. Maar as jy die moeite doen om natuurlik geoksideerde koper te gaan soek, kom jy op 'n verstommende kleurverskeidenheid af wat wissel van helder turkooisblou tot effens naaswit, en van geelgroen tot swart-turkoois. Versierders gebruik hierdie kleure en effekte deesdae op groot skaal en op talle oorspronklike maniere. Winkeltoonbanke, pilare, muurpanele, tuinmeubels, plantpotte, lampvoetstukke en dies meer kry 'n kopergroen afwerking en word pragtig by interieurs ingeskakel. Dit het trouens baie moeilik geword om tussen die ware Jakob en die nagemaakte effek te onderskei. 'n Mens sien hier en daar nog 'n ou gebou met koper- of geelkopertoebehore of selfs af en toe 'n bronsdak, terwyl monumente dikwels met 'n lieflike ou kopergroen-brons patina spog.

Sommige eietydse metaalwerkers hou hul resepte vir chemiese kitsoksidasie streng geheim, en skilders gee die voorkoms met hul verf weer.

1. Ons gebruik 'n klein houtkissie om die tegniek te demonstreer, maar dieselfde tegniek kan ook toegepas word op mure, meubels, vloere of enige plek waar dit met vrug gebruik kan word. Eers word Plascon Polvin Ascot Tan Standaardkleur direk op die hout aangewend om die indruk van koper onder die kopergroen te wek.

Indien jy metaal wil verf, is dit raadsaam om die oppervlak eers behoorlik voor te berei – en dus te verseël – met 'n metaalgrondverf gevolg deur 'n soliede laag van Plascon Merit se universele onderlaag. Die metaal is dan gereed vir 'n laag Ascot Tan Polvin.

2. Die volgende kleur wat ons aanwend, is 'n sprankelende turkoois uit Plascon se Computacolor-reeks, naamlik Rowena (M42-5). Ons het besluit om die kleur aan te spons. 'n Natuurlike seespons, wat eers in water gedoop en toe goed uitgedruk is, is hiervoor gebruik. Skep 'n bietjie Rowena PVA in 'n emaljebord of verfbak. Tel 'n geringe hoeveelheid verf op; laat die spons letterlik net aan die verfoppervlak raak. Vee die spons oor die rand van die bord om die verf te versprei en enige oortollige verf te verwyder. Spons die geverfde kissie liggies sodat jy 'n ligte tekstuur skep wat opgebou kan word. Moenie te egalig werk nie en sorg dat die grondkleur hier en daar deurskyn.

3. Voeg 'n ander kleur by vir 'n interessanter effek. Ons het 'n geelgroen (Freedom Green, 38-12D) van soortgelyke sterkte gekies en dit vryelik plek-plek op die kissie aangespons sodat dit met die res saamsmelt. As jy wil, kan jy Plascon Polvin Mod Blue of Mod Yellow by die Rowena voeg. Eksperimenteer gerus – dit is groot pret!

4. Laastens kan jy subtiele wit spikkels op die kissie aanspons. Dit stel die wit, poeieragtige aspek van werklike kopergroen voor. Die mat voorkoms van hierdie tegniek is so kenmerkend dat ons nie 'n afdiglaag vernis aanbeveel nie. Ons sou hoogstens 'n laag Glazecoat Matt (Ref. 1125) gebruik.

Die tekstuurkeuse is 'n belangrike aspek van hierdie tegniek. Ons het 'n sponstekstuur gebruik omdat dit lyk na koper waarop water gedrup en 'n kollerige oppervlak vol gaatjies geskep het. 'n Groot plantpot kan mooi lyk as die kleure met 'n kwas aangestreep word – asof reënwater teen die kante afgeloop het.

Jy kan dié idee selfs verder voer: verdun verf met water, doop 'n spons daarin en druk dit oor die borand uit sodat dit teen die kante afdruppel. Jy kan hierdie watermerke op hul eie laat droog word, maar vir 'n sterker grafiese effek kan jy hulle gedeeltelik laat droog word en dan die nat verf afvee. Die buiterande van die drupmerke sal reeds droog wees en vorm fyn, duidelike lyne wat 'n aantreklike dekoratiewe afwerking skep.

Die werkoppervlak op ons foto's is 'n baie geler, heeltemal verskillende kopergroen. 'n Grondlaag Plascon Ascot Tan is deur verskeie lae turkoois en mosgroen skakerings sigbaar. Die lae is opeenvolgend aangewend, en die tone en skakerings verskil subtiel van laag tot laag. Laastens is dit geskuur, eers in die rigting van en toe dwarsoor die kwasmerke.

Die resultaat was 'n pragtige verweerde en verouderde oppervlak waarin al die groen skakerings en die Ascot Tan 'n ewe belangrike rol speel.

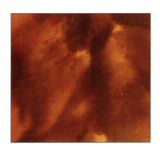

Karetwerk

Min tegnieke verleen so 'n eksotiese effek as karetwerk. Die kleure is ryk, en die geel, rooi of goue agtergrond waarop dit aangebring word, verleen merkwaardige diepte daaraan. Egte karetstukke se grootte is beperk tot die afmetinge van die seeskilpad. Dit is nou 'n bedreigde spesie, en egte en veral antieke stukke is kosbaar en duur. As jy die natuur wil naboots, is dit vanpas om nagemaakte inlegwerk op klein voorwerpe te verf.
Lynreg in stryd hiermee is die verf van mure of plafonne en kroonlyste! 'n Londense firma wat sulke versieringswerk doen, noem die tegniek "beast"!

Die foto toon 'n paneel in vier dele met karetwerk op 'n sterk geel agtergrond. 'n Vergulde houtkissie se deksel is met karetwerk op die bladgoud versier. "Ebbehout"-stroke skei die karetpanele en skakel in by die houtvaas.

Die grootste voordeel van nagemaakte afwerkings is hul romantiese aspek: jy kan nie meer 'n paar karetsnuisterye by die plaaslike geskenkwinkel kry nie, maar die verftegniek kan jou na die verlede terugvoer. As jy nie na eksotiese wêrelddele kan reis nie, sal 'n geverfde karetkissie die eksotiese atmosfeer in jou eie huis inbring!

Karetwerk: stap vir stap

Die tegniek wat ons hier beskryf, het 'n oliebasis. Die benodigdhede is kunstenaarsolieverf in die kleure Raw Umber, Burnt Sienna en Van Dyck Brown, olieglasuur (sien resep op bladsy 71), 'n klein dassiehaarkwassie, 'n groot dassiehaarkwas, 'n plat varkhaar-fynkwas en 'n seespons. Die grondlaag wat ons gekies het, is Plascon Velvaglo Parakeet gemeng met 'n bietjie wit Velvaglo om die kleur te versag. Aangesien dit 'n fantasieafwerking is, kan ander grondkleure soos Plascon Velvaglo Persimmon of Flamenco (Standaardkleur), enige geel van liggeel tot goudbruin en selfs bladgoud (as jy spandabelrig voel) gebruik word.

As jy 'n stuk karet teen die lig hou, sien jy hoe deurskynend dit is – al daardie gloeiende heuning-, amber- en stroopkleure. Om hierdie kleure na te boots, gebruik ons kunstenaarsolieverwe wat as glasure oor die grondlaag gestryk word. Giet 'n klein bietjie olieglasuur in 'n emaljebord. Druk 'n bietjie Raw Umber kunstenaarsolieverf op die bord se rand uit. Gebruik 'n pluisvrye doek om 'n dun lagie olieglasuur aan te wend op die oppervlak wat behandel gaan word.

1(a). Meng 'n bietjie Raw Umber en olieglasuur totdat dit die konsistensie van dun room het. Stippel die kleur op die geoliede deel. Skep dele waar hierdie verlengde kolletjies dig opmekaar is, en ander dele waar hulle meer versprei is. Herhaal die proses beurtelings met die ander drie kleure; begin met die ligste kleur en eindig met die donkerste. Die olieglasuur verdun die olieverf, verleen deurskynendheid en versnel die droogwordproses. Stippel met 'n

1a

1b

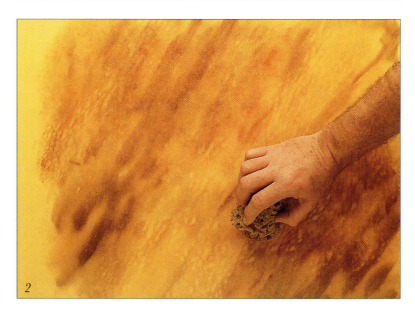

2

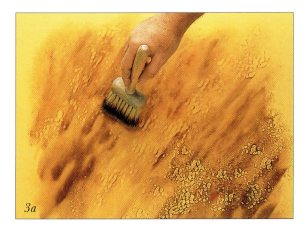

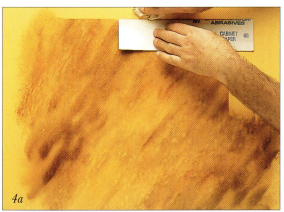

sagte varkhaarkwas oor die hele oppervlak: druk die kwashare vinnig op die glasuur om die kleur te versprei of egalig te maak. Vee die kwas nou en dan met 'n doek af om die glasuur wat aan die hare vassit, te verwyder. 1(b). Versag die oppervlak deur ligte en vinnige veegbewegings met die kwas oor die glasuur te maak. Probeer om nie kwasmerke te maak nie.

2. Die interessante proses waardeur oplosmiddels op 'n glasuur aangebring word om dit oop te maak en "gate" in die geverfde oppervlak te vorm, staan as "kruip" ("cissing") bekend. Gaan soos volg te werk: maak 'n seespons in water nat en druk dit baie goed uit. Tel 'n geringe hoeveelheid olieglasuur uit die bord op, of verf dit aan die spons. Vee eers die oortollige olieglasuur op die bord se rand af en druk dan die spons in die nat glasuur op die oppervlak. 'n Paar ligte drukslae is voldoende. Terwyl jy toekyk, los die glasuur op en gaan oop. 'n Oorlaaide spons kan onooglike, groot gate tot gevolg hê.

Stippel onmiddellik oor sulke gate; die kwas sal die oortollige olieglasuur absorbeer.

3. Met die twee dassiehaarkwaste kan 'n mens werklik toor. Albei kan liggies oor nat glasuur geveeg word om die voorkoms te versag of om diepte te verleen. Die kleiner een het egter korter hare en kan dus gebruik word om die glasuur te verplaas of oor die oppervlak te laat gly. Die groot een is eintlik 'n versagter en kan 'n nat glasuur pragtig glad maak. Die twee kan in hierdie stadium saam gebruik word om 'n sagte, deurskynende karetafwerking te skep.

4. Ten slotte moet jy die paneel afrond deur die rande skoon te vee. Sny 'n netjiese, reguit strook 80-graad-skuurpapier. Meet en merk 'n buitelyn vir die paneel af. Plaas die skuurpapier onderstebo aan die binnekant van die buitelyn en vee al die glasuur buite die paneel af. Gebruik 'n doek met 'n bietjie olieglasuur daarop. Herhaal die proses reg rondom die paneel. Na al die jare bly die skoonmaak van rande vir ons 'n bron van plesier en verbasing ... want eensklaps verander vormlose kleure in karetwerk!

Malagiet

Die natuurlike, lewendige patrone en helder kleure van malagiet is 'n onuitputlike bron van inspirasie vir die verfkunstenaar. Ons foto toon 'n groot paneel as agtergrond, maar tradisioneel word malagiet op klein voorwerpe soos kissies, lampvoetstukke, ens., gebruik. 'n Franse tekstielfirma het egter groot malagietpatrone en -kleur ingespan om as inspirasie vir 'n tekstieldrukmotief te dien. Hulle het selfs verskeie kleurkombinasies.

Om die een of ander rede is die kleur "modern", en dit word dikwels met die ander helder kleure en wit gekombineer. Ons het 'n kontrasterende rooierige bruin en nuwe sowel as ou voorwerpe gekies om 'n tydelose atmosfeer te skep.

Die strepe en kronkelpatrone van malagiet het ons nog altyd geïnteresseer, maar dit is eintlik die kleur wat ons betower. In kuriowinkels sien 'n mens malagieteiers, -kissies, -asbakkies en 'n paar ander artikels wat weinig nut het behalwe as 'n rusplek vir vlieë! Dié malagietvoorwerpe is so algemeen dat ons selde na die steen as sodanig kyk en die buitengewone patroon en kleur na waarde skat. Baie groot stukke malagiet is skaars, en daarom is juweliers en steenslypers baie selektief en gebruik hulle net die beste stukkies in juweliersware en interessante samegestelde obeliske, sfere en ander fatsoene. Dit kan baie vermaaklik wees om malagieteffekte op juwelekissies, prentrame en ander klein voorwerpe te skep, maar ons is selfs nog meer gefassineer deur die werk van kunstenaars wat hul verbeelding vrye teuels gee en groot malagietpatrone op meubels en selfs mure aanbring. Hulle gebruik nie altyd die natuurlike kleure nie: die vindingrykste voorbeeld is 'n Franse tekstielstof – tans in die mark – met 'n malagietpatroon in die gewone groen, sowel as blou, roeskleur en pienk kleurkombinasies.

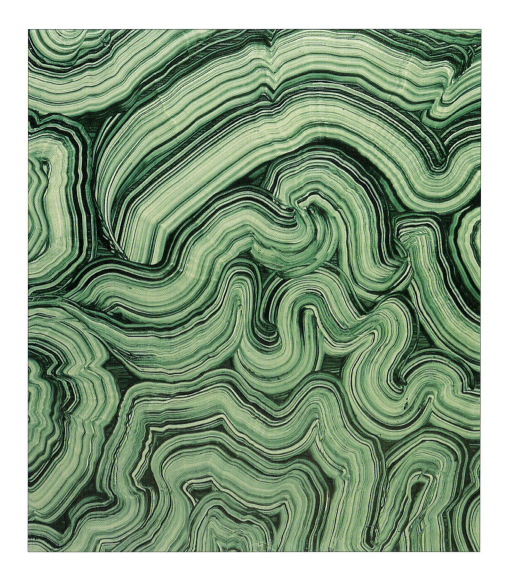

Ons het Plascon Velvaglo Cucumber (Standaardkleur) as grondlaag vir ons weergawe van malagiet gebruik. Gewoonlik voeg ons 'n bietjie kobaltblou hierby. Veridian Hue kunstenaarsolieverf is 'n heldergroen wat volmaak aan ons vereistes voldoen. 'n Titseltjie lampswart kunstenaarsolieverf verleen 'n mate van diepte.

Berei 'n glasuur met een eetlepel Plascon Scumble Glaze, een teelepel terpentyn en sowat 5 cm Veridian Hue olieverf uit die buisie gedruk. Meng die terpentyn en olieverf voordat jy die Scumble Glaze byvoeg. Die glasuur moet 'n romerige konsistensie hê.

Maak 'n doek klam met olieglasuur om dit effens te olie, en vryf die oppervlak daarmee. Wend 'n dun lagie groen glasuur aan. Die heel eenvoudigste werktuig moet nou gemaak word: skeur 'n 7 cm-strook van 'n stuk stywe karton af sodat jy dit gemaklik met jou vingerpunte kan vashou. Jy kan die karton buig voordat jy dit skeur, maar dit moet nogtans 'n ruwe skeur wees. Gebruik dit om streperige kronkelpatrone, soos dié in malagiet, deur die aangeverfde glasuur te skraap. Skeur 'n paar sulke stroke af en gebruik hulle om die beurt om die oppervlak met malagietvorms te vul. Vee die kartonstrokie gereeld af of gooi dit weg sodra dit vol glasuur word. Die proses is vinnig, eenvoudig en genotvol. Rond laastens die rande netjies af (sien *Karetwerk: stap vir stap*). Hierdie tegniek neem lank om droog te word.

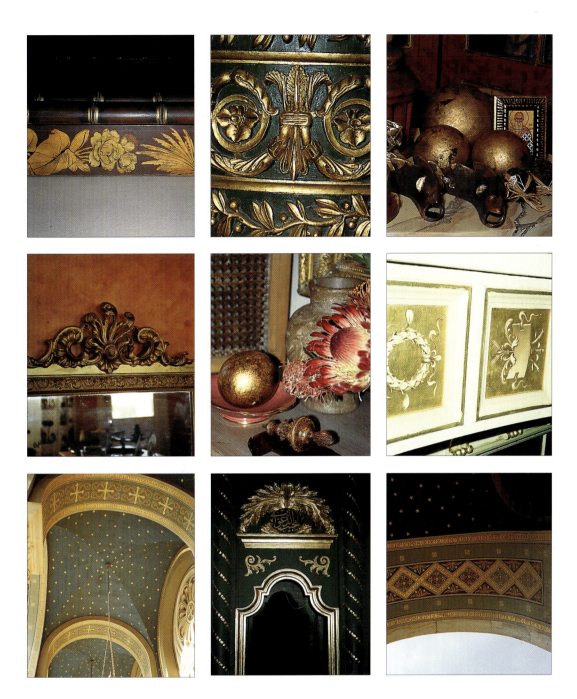

Vergulding

Tant Minnie, 'n dierbare, eksentrieke siel, het een jaar vir die Kersete opgedaag met 'n vreemde geskenk – haar ebbehout-olifant met tande wat aanmekaar uitval, opgetooi met 'n klatergoud-strik. Ons het dadelik die moontlikhede ingesien en dit in goud gevisualiseer ... en die olifant toe sommer met Plascon se Mod Red Polvin geverf. Ons het nie veel ondervinding van vergulding gehad nie, en het kerswas oor die hele oppervlak gevryf om as 'n primitiewe ver-guldgrond te dien. Daarna het ons die hele lyf met oordra-bladgoud – 'n dun goudblaadjie wat aan sneespapier vas is – verguld. 'n Mens plaas dit onderstebo op die voorbereide voorwerp, vryf oor die agterkant en dra sodoende die goud oor op die verguldgrond waar dit bly vassit.

Op ons foto hou Minnie se olifant 'n vergulde raam omhoog. Ons gebruik hierdie eenvoudige rame om vergulding op ons kursusse te demonstreer. Op die ou end is die studente meer geesdriftig as ons, en ons wonder soms of hulle binnekort ook vergulde gordynspore, plafonne, Afrika-beelde en bal-en-klou-meubels in hul huise gaan hê …

Vergulding: stap vir stap

1. Die voorwerp wat in hierdie geval verguld gaan word, is 'n klein houtraampie wat met Plascon Polvin Mod Red geverf is. Die ander voorwerpe is 'n onbehandelde houtraam, 'n stuk swart fluweel, bakkies met brandspiritus, babapoeier en waterbasisverguldgrond (Wundasize) en twee voorbeelde van vergulde latte – die een met 'n swart agtergrond en die ander met rooi. Laastens is daar 'n boekie klatergoud ("Dutch metal leaf") met sneespapiertussenlae. Dit is 'n plaasvervanger vir bladgoud en is dus baie goedkoper. Die klatergoud behou sy glans vir 'n baie lang tyd en is baie makliker om te hanteer omdat dit dikker is. Dit is in verskeie kleure beskikbaar, van silwer en goud tot brons.

2. Wundasize word nou op die rooi geverfde raam aangebring. Enige grondkleur kan gebruik word, maar die tradisionele kleure is baksteenrooi, oker, swart en bruin. Aangesien die produk 'n waterbasis het, word

dit vinnig droog maar bly terselfdertyd dae lank klewerig. Tradisionele verguldgrond het 'n oliebasis, neem lank om droog en klewerig genoeg te word en laat net 'n paar uur vir die verguldingsproses self toe. Die kwas kan met brandspiritus en dan seepwater skoongemaak word. Laat die verguldgrond droog word totdat dit helder en nie meer melkerig is nie.

3. Bladgoud is baie delikaat en moet tussen twee velle sneespapier gehanteer of met 'n kwas opgetel word. Jy kan klatergoud met jou vingers hanteer, mits jy sagte katoenhandskoene dra of jou hande met babapoeier of kleremakerskryt bestuif. Plaas klatergoudblaadjies – of gedeeltes daarvan – op die verguldgrond en druk dit liggies met die stuk fluweel vas. Oop gedeeltes tussenin kan met klein oorskietstukkies ("skewings") gevul word; druk dit goed vas op die verguldgrond. Titseltjies rooi wat hier en daar deur openinge sigbaar is, verleen egter 'n mooi effek. Bedek die hele raam op dié wyse.

4. Tradisionele verguldsel verg moeisame polering, maar in hierdie geval kan jy dit net met fluweel opvryf. Dit maak die oppervlak glad en is die enigste manier om die klatergoud in die holtes in te druk.

As jy nie gekant is teen natuurlike veroudering (oksidasie) in die verre toekoms nie, kan jy die raam net so los. Indien jy egter die oorspronklike effek wil behou, kan jy 'n lagie helder glansvernis aanwend. Probeer Plascon se oliebasis-Glazecoat CV82 of Plascon Woodcoat X33 Gloss.

Lapis lazuli

Lapis lazuli bekoor die mensdom reeds sedert die vroegste tye. Die betowerende diepblou skakerings met die glinstering van goud het die kunstenaars van ouds geïnspireer om dit fyn te maal en 'n pigment van weergalose kleur te skep.

Lapis lazuli: stap vir stap

Ons het 'n waterbasisglasuur en oorskietstukkies klatergoud (of bladgoud) vir hierdie projek gebruik.

1. Ons grondlaag is Plascon Polvin Betty Blue (M18-8 Computacolor) wat regstreeks op skoon, gladde, kaal hout aanwend word. Twee lae kan dalk nodig wees.

2. Die glasuur wat ons gebruik, is 'n mengsel van een deel van Plascon se waterbasis-Glazecoat Matt (Ref. 1125) en een deel Plascon Polvin Kepple Blue (T82-6 Computacolor). Tel 'n bietjie van hierdie mengsel met 'n natuurlike spons op en spons dit oor die grondlaag – moet dit nie oral ewe dik aanwend nie, sodat die kleursterkte en -diepte wissel.

3. Strooi 'n paar oorskietstukkies klatergoud of bladgoud oor die nat glasuur en druk dit liggies vas. Doop 'n fyn kunstenaarskwas in brandspiritus en trek dit deur die glasuur om are te skep. Die glasuur kan oopgemaak word deur 'n sjabloonkwas in brandspiritus te doop en dit liggies oor die nat glasuur te vee.

4. Sodra die glasuur droog is, word twee lae Plascon Woodcoat poliuretaanvernis – Suede (X44) aangewend. Laat die eerste laag goed droog word voordat jy die tweede aanwend.

Krakiesafwerking en krakeluur

Ons het waarskynlik al menige meubelstuk gestroop wat nooit gestroop moes gewees het nie. Eers onlangs het ons besef dat gekraakte verf, verbleikte kleur en dikwels ook die oorblyfsels van mooi ou dekoratiewe verfwerk op kaste en ander stukke hul eie bekoring het. In ons gretigheid om te "restoureer", is baie van hierdie ou pigmente – historiese kunswerke – vernietig. Ons kon maar net nie verstaan dat ons in werklikheid besig was om patina en karakter – eienskappe wat net die ouderdom bring – te vernietig nie. Deesdae soek ons net ongerestoureerde, oorspronklike stukke.

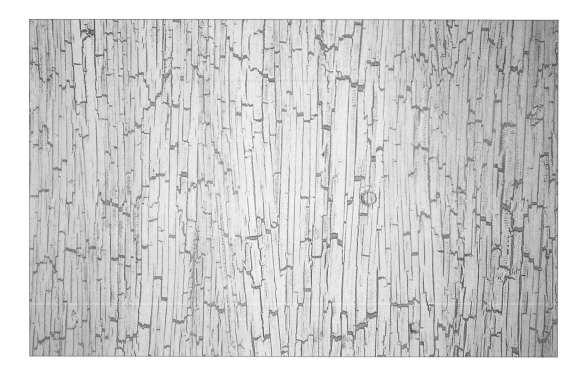

*I*n ons romantiese soeke na die dinge van gister, verf ons verbleikte mure, gekraakte klip en houtwerk wat afskilfer. Krakiesafwerking en krakeluur is tegnieke wat gebruik word om geverfde oppervlakke 'n patina te gee, asook 'n oppervlaktekstuur wat ouderdom suggereer.

'n Maklike manier om verf op houtwerk te kraak, lewer kitsresultate wat altyd bevredigend is. Dit werk uitstekend vir meubels, dadolyste, deurkosyne, ens., en word deesdae in eenvoudige sowel as deftige interieurs gebruik.

Gaan só te werk: verf of beits hout 'n sterk of donker kleur. Ons beits nuwe dennehout dikwels met Plascon Woodstain.

Vervolgens verf jy die oppervlakke met Alcolin wit houtlym (White Wood Glue – in oorsese publikasies PVA). Behandel klein areas op 'n slag, anders word dit dalk te vinnig droog.

Verf onmiddellik jou kontrasterende bleker kleur (Polvin) oor die lym terwyl dit nog nat is. As jy haastig is, kan jy die verf met 'n haardroër droogblaas. Die krakies word gevorm omdat die Polvin vinniger as die lym droog word, en jy kan dit alles sien gebeur. 'n Dik laag lym sal breë krake tot gevolg hê, en die krake is geneig om in dieselfde rigting as die kwashale te loop. Ruil jou kwaste van tyd tot tyd om en spoel hulle tussenin af om te voorkom dat lym op jou Polvinkwas aanpak.

Sodra jou meubelstuk sy krakiesafwerking gekry het, kan dit vernis word (Woodcoat poliuretaanvernis, Suede of Gloss of CV82). Vir 'n werklike mooi patina kan jy 'n verouderingsmengsel oor die oppervlak vryf en 'n dikker residu in hoekies en gaatjies laat agterbly. 'n Fyn spatsel van dieselfde mengsel sal vlieëvuil voorstel.

Ons hou altyd 'n bottel verouderingsmengsel byderhand: meng 7 cm Raw Umber kunstenaarsolieverf uit die buisie gedruk met 'n teelepel vol terpentyn. Los die olieverf goed op voordat jy 'n eetlepel vol Scumble Glaze byvoeg. Hierdie mengsel het die konsistensie van dun room en die kleur van ouderdom. Vryf of verf 'n bietjie daarvan op die oppervlak wat jy wil verouder, en verwyder dan soveel as wat jy wil met 'n sagte doek. Hierdie metode werk baie goed op oppervlakke met Velvaglo, olieglasuur en vernis, maar dit verg 'n ervare hand op Polvinverwe, wat dit absorbeer voordat jy dit kan versprei.

Nog 'n manier om geverfde hout 'n verweerde voorkoms te gee, is om 'n poliuretaanvernis pleks van houtlym te gebruik. Dit spreek vanself dat 'n laag waterbasis-Polvin wat oor 'n nat olierige vernis aangebring

word, sal "oopgaan" en die hout daaronder bootlê, wat lieflike krake in die verf agterlaat. Hierdie tegniek neem baie langer om droog te word, maar het sy eie besonderse bekoring.

Daar is ook 'n manier om afgeskilferde verf op 'n houtoppervlak weer te gee. Smeer strepies en kolletjies Vaseline oor die oppervlak wat geverf gaan word. Bedek die hele oppervlak met 'n laag Polvin en laat droog word. Vryf deur die verf met 'n droë doek om die Vaseline en verf plek-plek te verwyder. 'n Vernis- en verouderingslaag daarna sal romantiese gedagtes aan die dae van weleer optower …

Porseleinkrakeluur is die fyn netwerk van krakies wat op die oppervlak van 'n kosbare Oosterse porseleinartikel te sien is. Die talle glasuurlae op 'n skildery kan mettertyd verouder en fyn krakies kry.

Krakeluur is nog een van die romantiese tegnieke waarin ons ons verlustig, en kan met behulp van twee Heritage-produkte nagemaak word. Dit is nie die enigste produkte of noodwendig die beste metodes nie, maar dit is goeie plaasvervangers vir duur ingevoerde Franse en Engelse produkte. Koop Heritage Transfer Glaze en Heritage Antique Crackle. Albei is deurskynend en het 'n waterbasis, en ons raai jou aan om met hulle te eksperimenteer totdat jy die tekstuur vind waarvan jy hou. Krakeluur is 'n oppervlakkige, finale behandeling – jy moet dus eers al jou verfwerk, sjabloneerwerk, ens., afhandel voordat jy dié tegniek toepas.

Verf 'n laag Transfer Glaze oor die voorwerp. Moenie te spaarsaam wees nie, maar moet dit ook nie dik aanplak nie. Laat oornag droog word – dit moet kurkdroog wees. Verf nou 'n laag Antique Crackle bo-oor. Laat goed droog word. As jy dit teen die lig hou, sal jy die krakies sien vorm, maar andersins is niks sigbaar nie.

Die volgende stap is van die uiterste belang. Vryf 'n bietjie verouderingsmengsel – hou in gedagte dat dit 'n oliebasis het – met 'n sagte doek in die krakies in. Dit verg 'n sekere mate van inspanning en geduld. Kry die mengsel in al die krakies in en vee dan die oortollige mengsel af; maak die doek met 'n druppel terpentyn klam indien nodig.

Die krakies kan ook uitgebring word met 'n mengsel van Plascon Scumble Glaze, terpentyn en olieverf van enige ander kleur as Raw Umber. As die voorwerp 'n donker kleur geverf is, sal wit krakies dalk meer sigbaar wees. Moet nooit 'n waterbasiskleur in die krakies vryf nie – die Antique Crackle sal oplos en verdwyn, en al jou harde werk sal tevergeefs wees.

Sjablonering

Sjablonering – die kuns van herhaling – bestaan gewoonlik uit herhaalde motiewe wat in stroke aangebring word. Hierdie muur wyk af van dié beginsel en is met net twee blaarsjablone en handgeskilderde takke versier. Plascon se Mod Green en 'n bruinerige kleur wat 'n mengsel is van Mod Red, Mod Yellow en Mod Green, is vir die blaarsjabloon op 'n wit muur gebruik. Die skel effek wat só geskep is, het 'n mens laat terugdeins, maar drie lae Plascon waterbasis-Glazecoat gemeng met Mod Green is oor die hele muur gevryf en het hierdie eteriese tuintoneel tot gevolg gehad.

Die rou sementvloer (bladsy 114) is streperig geverf met Plascon Polvin se Ascot Tan en 'n mengsel van Mod Green en Ascot Tan, en daarna verseël met drie lae Plascon waterbasis-Glazecoat Matt (REF. 1125). Die tuinatmosfeer van die toneel word versterk deur 'n metaalkonsole met 'n blaarpatroon wat die muurontwerp herhaal. Die deursien-aspek van die tafel stel 'n mens in staat om die muurmotief, wat van die vloerlys tot by die kroonlys strek, ten volle te waardeer. Die natuurlike bruin tone van die sfeer, houtbak en antieke boeke voer die tema verder.

Ons eerste kennismaking met sjablonering was deur 'n Amerikaanse vrou wat haar in Kaapstad gevestig het. Haar voorliefde vir die Amerikaanse volkskuns met al sy verskillende gebruike en permutasies het ons geïnspireer. Nadat ons daaroor gaan nalees het, het ons 'n klein reeks sjablone van die eenvoudige Shaker-soort gemaak. Aangesien Kersfees voor die deur was, het ons harte, sterre, glimlaggende mane, tierlantyntjies, ens., gemaak. Met 'n figuursaag het ons Kersboomfatsoene uit laaghout gesny, dit diepgroen geverf en spits naalde oraloor gesjabloneer. Die rooi hart-, strik-, ster-, maanen tierlantyntjie-ontwerpe is daaroor gesuperponeer. Die bome het stutte gekry sodat hulle kon regop staan. As ons nou terugdink, moet ons erken dat hulle maar taamlik gekunsteld en naïef was − maar dit is presies hoe ons hulle wou hê. Met behulp van sjablone kon ons binne 'n betreklike kort tydjie 'n groot

klomp maak. Hulle het goed verkoop en ons is bly dat ons een vir ons argief gehou het.

Sjablonering het te doen met die herhaling van 'n motief of ontwerp met behulp van 'n uitsnypatroon. Verf word net deur die uitgesnyde deel aangewend. Ons gaan nou kyk na hoe om 'n sjabloon te maak en dit te gebruik om 'n fries met herhaalde motiewe te skep. Sjablone kan van baie soorte materiaal gemaak word, maar ons verkies 'n tradisionele geoliede sjabloonkaart wat soos perkament is. Dit word soos volg gemaak: Meng vyf dele gaar lynolie ("Boiled Linseed Oil" – as sodanig by ysterwarewinkels te koop) met een deel Plascon Woodcare poliuretaanvernis en een deel mineraalterpentyn. Die mengsel is taaivloeiend en taamlik morsig om mee te werk. Plaas 'n dik laag koerantpapier op 'n werkoppervlak en bedek dit met 'n vel 150 g-manillapapier. Verf die olierige mengsel aan albei kante van die papier met 'n kwas. Ons gebruik gewoonlik dié geleentheid om 'n hele paar velle papier te behandel. Manillapapier is die stywe soort papier wat skoolkinders vir hul projekte gebruik. Die kleur maak nie saak nie: dit is gewoonlik pastelkleurig – wit, pienk, blou, groen en geel. Sodra die velle papier met olie deurdrenk is, moet hulle droog word. Ons maak hulle gewoonlik met wasgoedpennetjies aan die wasgoeddraad vas (as die suidooster nie waai nie) of laat hulle plat op koerantpapier droog word. Ongeag die metode wat jy volg, sal jy geduld moet beoefen; olie word stadig droog.

Hierdie papier is werklik 'n aanwins vir 'n skeppende persoon. Ons maak dikwels lampkappe daarvan; aangesien so 'n lampkap met lynolie deurweek is, verkry dit mettertyd 'n dieper en ryker kleur terwyl dit die lieflike deurskynendheid behou wat perkament so effektief maak. Dit is nie die enigste geskikte sjabloonmateriaal nie: sommige handwerkwinkels verkoop kommersieel vervaardigde sjabloonperkament, of jy kan ou X-straalfilms of asetaat, dun metaal of enigiets anders gebruik wat jou die beste resultate gee. Die nadeel van dun plastiek is egter dat die verf geneig is om onder die sjabloon in te bloei. Maar die feit dat dit deursigtig is, kan dalk vir jou so belangrik wees dat jy mettertyd sal leer om die moeilike snywerk en bloeiende verf te bowe te kom. Deursigtigheid is belangrik as jy 'n fries maak, en spasiëring is van die uiterste belang. Indien jy 'n perkamentsjabloon maak, is dit raadsaam om 'n volledige motief – byvoorbeeld 'n stingel, blare en blomknop – uit te sny, plus die punt van die stingel waarmee die volgende patroon begin en die punt van die blomknop waarmee die vorige patroon eindig. Om op te som: die sjabloon moet die punt van 'n blomknop, die volledige motief en laastens die punt van 'n stingel bevat. Wanneer jy die sjabloon aanskuif, plaas jy die blomknop van die sjabloon oor die reeds gesjabloneerde blomknop, doen die sjablonering, ensovoorts.

Dit behoort nooit 'n probleem te wees om 'n geskikte sjabloonontwerp te vind nie. Motiewe op drukstowwe kan maklik op 'n sjabloon oorgeplaas word, 'n gunstelingtema kan 'n motief voortbring, die natuur kan een verskaf, of jy kan eenvoudig gebruiksklaar sjablone by handwerkwinkels en verfhandelaars koop.

Of jy nou met 'n bestaande ontwerp, 'n tekstielpatroon of 'n motief uit die natuur werk, moet jy eers 'n lyn- of kontoertekening maak. Fotokopieer hierdie tekening en gebruik 'n viltpen om die tekening (gebruik die fotokopie) verder in verskeie vlakke in te deel wat deur "brûe" geskei is. Hierdie vlakke word dan met 'n handwerk- of ontleedmes op 'n snyplank uitgesny. As dit byvoorbeeld 'n madeliefiemotief is, moet jy elke blomblaar afsonderlik uitsny en soliede brûe laat wat hulle van mekaar skei. Die blomhart kan net 'n eenvoudige ronde gat wees wat in die sjabloon gesny word.

Die volgende stap is die werklike sjablonering. Daar is weer eens geen vaste reëls nie. Toe ons op 'n keer uit Engeland terugkeer nadat ons 'n paar kursusse daar bygewoon het, het ons 'n versameling sjabloonkwaste waarop ons baie trots was, saamgebring. Tot ons verbasing het 'n goeie ou vriend van ons, Gerald Coetzee, minagtend na ons versameling gekyk, iets gemompel wat geklink het na "Dis nog niks!" en twee 300 mm-sjabloonkwaste aan ons oorhandig! Dit was die laaste oorblywende kwaste uit baie ou voorraad van Hamiltons, en Gerald het daarvan te hore gekom. Ons was veral dankbaar teenoor Gerald toe ons later reusesjablone op 'n plafon moes aanbring.

Daarenteen het ons ook al uitmuntende sjabloneerwerk gesien wat met 'n stuk kaasdoek gedoen is. 'n Jong vrou wat kort tevore kursusse by 'n vooraanstaande ontwerpskool in Engeland en die werkwinkels van 'n beroemde Engelse vervaardiger van geverfde kombuise voltooi het, het ons gewys hoe dit gedoen word. Sy het fyn sjablone gesny, 'n stuk kaasdoek in 'n stywe balletjie gerol en baie min verf gebruik om wonderbaarlike patrone voort te bring. Ander geskikte werktuie is natuurlike en sintetiese sponse en ou kwaste waarvan die hare kort gesny is.

Hierdie werktuie moet baie klein hoeveelhede verf deur die openings van die sjablone op die oppervlak daaronder kan aanwend. Ons verkies Polvin of kunstenaarsakrielverf omdat dit vinnig droog word en daar dus minder gevaar is dat die verf sal klad wanneer die sjabloon aangeskuif word. Akrielverf kan op olieglasuuroppervlakke en die meeste eierglansemaljeverwe aangewend word. Ons wend altyd 'n beskermende vernislaag aan sodra dit droog is. 'n Beroemde Engelse

sjabloneerdeskundige, Lyn Le Grice, gebruik kannetjies spuitverf met 'n waterbasis – sy het 'n huis van hoek tot kant gesjabloneer en 'n boek daaroor geskryf!

Ons verkies egter die tradisionele metodes: rangskik verwe óf op 'n palet óf op 'n blikbord. Plak jou sjabloon in posisie met maskeerband wat minder klewerig gemaak is of met spuitkleefmiddel. Tel 'n baie klein hoeveelheid verf met die kwas, spons of doek op en toets dit op 'n skoon stuk papier. Dit moet nie te nat wees nie, anders gaan die verf klad. Wend die verf met ferm steekbewegings deur die sjabloon aan. Moenie in die versoeking kom om in lang hale te verf nie; dit sal verf onder die sjabloon laat ophoop en bloei. Hieraan kan jy niks doen nie, behalwe om dit by te werk of uit te verf.

Ons gebruik meer as een kleur op een sjabloon, en een kwas vir 'n paar harmonieuse kleure. Mits jy 'n baie droë kwas gebruik, is verwisseling van kleur nie 'n probleem nie en kan dit selfs die effek verbeter. Party mense sny 'n sjabloon vir elke kleur, maar ons doen dit nie omdat dit te ver van die oorspronklike beginsels van sjablonering afwyk en neig na verfspuitwerk wat 'n kunsvorm op sigself is.

Een van ons inspirerende foto's toon 'n muur wat heeltemal met sjablone bedek is – 'n uitdagende sowel as doeltreffende tegniek. In hierdie spesifieke geval is die studeerkamer se mure in panele verdeel, en dié is toe gesjabloneer met behulp van maskeerband om die lyne reguit te hou. 'n Sagte mauve is op 'n spierwit Polvin- (PVA-) agtergrond aangebring.

Die panele is toe met die blomsjablone ingevul sodat hulle styf teen mekaar lê. Die patroonherhaling is opvallend en doeltreffend omdat dit 'n egalige effek verleen. Die mure is laastens herhaaldelik gevryf met waterbasis-Glazecoat, gekleur met geel-oker tinter uit die Polycell-reeks. Die mauve het kort voor lank 'n bruinerige skynsel gekry wat 'n fassinerende, skaduagtige voorkoms verleen het.

'n Ander foto toon 'n enorme blomsjabloon met goue krulle. As jy dié een met die studeerkamersjabloon vergelyk, sal jy agterkom dat hulle losweg verwant is aan dieselfde tekstielontwerp. Die groot blomme is in verskeie kleure op 'n breë, geboë strook tussen die mure en plafon van 'n elegante eetkamer gesjabloneer. In plaas van 'n streng herhalende patroon, is die blomme en blare lukraak versprei, wat 'n besonderse effek verleen. Almal wat dit sien, kan nie ophou om daarna te kyk nie … hulle probeer tevergeefs om 'n herhalende aspek te vind!

In die geval van 'n herhaalde patroon begin ons gewoonlik in die hoeke van die vertrek en werk na die middel toe. Dit verg soms baie rek, krimp en invul om die patrone in die middel mooi bymekaar te bring. Ons moes al by geleentheid 'n spesiale sjabloon sny om die patroon af te rond.

Sjablone is wonderlike gelykmakers van skewe ou kroonlyste. Met genoeg ondervinding kan jy later sjablone só plaas dat dit die aandag van 'n skewe muur aflei; jy volg nóg die lyn van die skuins kroonlys nóg 'n presies horisontale lyn, maar werk tussenin … pure oëverblindery!

Staatmakers

Sommige verftegnieke het 'n lang geskiedenis en sal heel waarskynlik nooit van die toneel verdwyn nie. Hul kleure of teksture kan verander, hul belangrikheid kan afneem of toeneem, maar sponswerk, kwaskamwerk en doekverfwerk sal altyd die staatmakers bly. Deesdae gebeur dit selde dat 'n suiwer vorm van enigeen van hierdie tegnieke op sy eie gebruik word. Kombinasies word vindingryk geskep en vryelik uitgevoer – 'n gewiste teken dat verftegnieke hul kinderskoene ontgroei het.

In hierdie hoofstuk word die praktiese aspekte van bogenoemde en 'n paar verwante tegnieke beskryf.

Sponswerk

'n Gawe man het eenkeer 'n dapper poging aangewend om ook deel te neem aan die gesprek net nadat ek aangekondig het dat ek van plan was om 'n paar mure te spons. "O," het hy gesê, "maar dis slim! Jy sal dan teen die muur kan val sonder om seer te kry." Wel, miskien nie ... 'n mens voel soms of jy jou kop uit pure frustrasie teen die muur kan stamp, maar kom ons probeer om dit te verhoed ... Die *mise en place* is eenvoudig; kry 'n verfbak of emaljebord, 'n paar velle skoon koerantpapier, 'n paar plastieklepels, die verf wat jy wil gebruik ... en die spons bymekaar.

Ons verkies om 'n natuurlike of seespons te gebruik. Die sponse wat op ons strande rondlê, is ongelukkig nie geskik nie – behandelde sponse word uit Griekeland of die Ooste ingevoer en hoewel hulle duur is, kan en behoort hulle vir ewig te hou as hulle goed versorg word. Was hulle goed en behandel hulle net soos kwaste.

Na gelang van jou behoeftes kan waterbasis- of oliebasisverf gebruik word. Ons verkies Polvinverf (PVA) omdat dit vinnig droog word en 'n tweede of derde sponslaag onmiddellik aangewend kan word. Dit is ook baie makliker om sponse in water te was. Die keuse van kleure vir sponswerk is net so deurslaggewend as in enige ander geval. 'n Praktiese reël is: ligte sponswerk op 'n donkerder agtergrond. Die mees geslaagde sponswerk wat ons ooit gedoen het, was op 'n muur met 'n sagte grysblou kleur waaroor 'n mengsel van die oorspronklike kleur en wit aangespons is. Die subtiele verskil tussen die twee tinte van dieselfde kleur het 'n sagte, fluweelagtige tekstuur tot gevolg gehad. Daarenteen het ons ook al 'n helderpienk muur teëgekom wat onhandig met posbusrooi gespons is; 'n kriminele kombinasie en 'n skrikwekkende interieur. Daar is ook geen uitsondering op die reël dat twee sponslae beter resultate as een laag lewer nie. Dit kan twee lae van een kleur, van twee skakerings of tinte, of van twee harmoniërende kleure wees.

Eers word die grondkleur voorberei. Die beste manier is om die mure net so goed te verf as wat jy vir 'n finale deklaag sou doen.

Doop die spons in water – dit swel baie

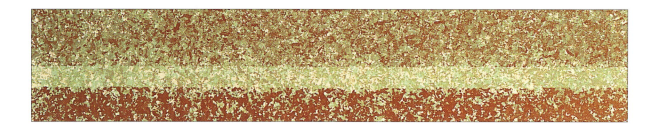

uit – en druk dit dan goed uit. Doen dit voordat jy die seespons vir enige werk gebruik. Skep 'n bietjie onverdunde verf in die verfbak of emaljebord. Raak die oppervlak met die spons aan – moet dit nie met verf oorlaai nie. Toets die afdruk op 'n stuk skoon koerantpapier of papierhanddoek. Beoordeel die hoeveelheid verf en die tekstuur. As dit blertse maak omdat daar te veel verf aan die spons is, vee die oortollige verf op die papier af voordat jy die muur begin spons.

Die meeste sponse het nie reg rondom dieselfde tekstuur nie. Toets dit en kies die geskikste tekstuur vir jou doeleindes. Begin spons in "syfer agt"-bewegings en verander die rigting van die spons gedurig sodat jy nie dalk 'n reguit ry eenderse afdrukke maak wat dadelik sal opval nie. 'n Mens probeer gewoonlik 'n egalige tekstuurverspreiding kry, maar aangesien dit 'n gebrokekleurtegniek is, is effense verskille in digtheid presies wat vereis word. Ons werk gewoonlik van een kant van die muur na die ander. As jy egter versigtig en sensitief te werk gaan, hoef jy jou nie oor nate te bekommer nie. Moenie die sponslaag te dik aanwend nie, maar as dit gebeur, kan jy altyd met die grondkleur oor 'n digte kol of vlek spons – niemand sal dit ooit agterkom nie.

Onthou om die spons elke nou en dan te was om te voorkom dat die verf daarop aanpak. Hou 'n emmer water byderhand waarin jy die spons kan gooi as die telefoon lui. 'n Tweede sponslaag van dieselfde of 'n ligter kleurtoon sal die tekstuur selfs nog meer afbreek en 'n beter afwerking verseker.

Die hoeke en holtes kan probleme skep, want 'n mens is geneig om daar te veel verf aan te spons of vlekke te maak, en soms kan jy nie met die spons bykom nie. 'n Kwart van 'n spons met plat vlakke en skerp hoeke is dalk die antwoord, maar in die reël is dit baie veiliger om hoeke te min as te veel te spons. 'n Sponslaag met 'n oliebasis moet oornag droog word voordat jy bo-oor spons, en sponse moet met terpentyn, kwasreiniger en water skoongemaak word.

Die tekstuur van 'n natuurlike spons is ideaal vir die nabootsing van graniet. As jy 'n ligte sprinkeling suiwer swart oor 'n wit agtergrond aanspons en dit opvolg met 'n paar grys tinte wat met elke sponslaag 'n bietjie ligter word, kom 'n lieflike swart-grys graniet te voorskyn. Ander moontlikhede is swart en seegroen of grys en baksteenrooi.

Kwaskamwerk

KWASKAMWERK MET 'N WATERBASISGLASUUR

'n Versierder het ons een oggend ontbied om 'n gastekleedkamer vir oorsese kliënte te verf. Die enigste probleem was dat die verfwerk daardie middag moes klaar wees! Haar vereistes was 'n gekwaskamde oppervlak onder die dadovlak, 'n sag gevryfde muur daarbo en 'n bypassende blaarsjabloonmotief tussenin. Danksy die sneldroënde Polvin en Glazecoat het ons betyds klaargekry.

Polvin of Double Velvet is die ideale grondlaag om op te werk. Die kleur hang van jou af, maar anders as in die geval van sponswerk, verkies ons om 'n donkerder kleurtoon oor 'n ligter grondlaag te kwaskam. Berei 'n waterbasisglasuur met een deel Polvin (PVA – enige kleur) en een deel Glazecoat. Moenie 'n groot hoeveelheid meng nie, want jy gaan baie min glasuur gebruik. 'n Titseltjie gliserien daarby sal help voorkom dat die glasuur te gou droog word.

Doop 'n kwas in 'n bietjie glasuur en trek dit oor die oppervlak. Kies 'n kwas met 'n tekstuur wat jou die gewenste kwasstrepe sal gee: fyn, medium of grof. Kwaskam van bo tot onder en selfs tot in die hoeke en holtes, en probeer die gewenste kwasstrepe so gou moontlik vaslê. Met dié proses kwaskam jy die glasuur aan die oppervlak – as die glasuur eers aangewend is, het jy baie min tyd om dit te verander voordat dit droog word. As dit eers droog is, is dit vir goed daar. Maar moet jou nie daardeur laat afskrik nie; as jy die tegniek eers onder die knie het, kan jy in 'n enkele oggend 'n hele gastekleedkamer en badkamer voltooi.

Kwaskamwerk met 'n oliebasisglasuur

Olieglasure wat stadig droog word, gee jou baie meer tyd om na hartelus te peuter en te vroetel. Maar jy moet nogtans besef dat olie fisieke beperkinge het: sal jy 'n baie hoë muur kan kwaskam terwyl jy teen 'n leer op- en afklim? Grondlae vir alle olieglasure moet halfglansemalje (Plascon Velvaglo) wees. Dit moet heeltemal droog wees voordat jy daarop kan werk. Gebruik 'n oliebasisglasuur wat bestaan uit gelyke dele Velvaglo (gewoonlik 'n donkerder kleur as die grondlaag), Scumble Glaze en mineraalterpentyn. Meng ook 'n bietjie olieglasuur ("film former") as volg: een deel mineraalterpentyn, twee dele rou lynolie en 'n teelepelpuntjie terebienuitdroër.

Vryf die olieglasuur op die oppervlak voordat jy dit glasuur. Net 'n dun lagie van hierdie oliemengsel stel jou in staat om die glasuur oor daardie gedeelte te manipuleer. Die glasuur word aangewend in 'n dun, deurskynende laag wat van bo tot onder strek. Trek 'n kamkwas in 'n reguit lyn van bo tot onder; dié proses verwyder oortollige glasuur en lê die grondlaag bloot. Druk die punte van die kwashare in die hoeke aan die bo- en onderkant in voordat jy die middelste deel kwaskam. Effense krom of skuins strepe is nie 'n probleem nie, maar jy kan 'n reguit lat as 'n liniaal gebruik om jou te help om die kwasstrepe reguit te kry. Kwaskam herhaaldelik totdat die glasuur te dun word. Laat 'n smal strokie glasuur – 'n nat rand – waar jy met die volgende deel kan begin.

Dit is nogal moeilik om 'n kamkwas – wat lang, soepel hare het – in die hande te kry, maar enige kwas wat die gewenste streepeffek kan skep, kan gebruik word. Jy kan selfs 'n ou kwas neem, met 'n skêr 'n paar hare hier en daar uitsny en dit gebruik om 'n ruwe, rustieke, gekwaskamde tekstuur te skep.

Sodra jy die kwaskamtegniek baasgeraak het, kan jy dit as 'n basis vir houtgreinering gebruik. 'n Beige agtergrond wat met wit gekwaskam is, het die voorkoms van gebleikte beukehout, terwyl 'n roomgeel agtergrond waaroor 'n donker eikehoutvernis gekwaskam is, vir eikehout aangesien kan word.

'n Gekwaskamde oppervlak met syagtige kleure kan liggies horisontaal gekwaskam word net voordat dit droog is om die indruk van ru-sy te wek. Dié effek kom veral tot sy reg in 'n klassieke Franse interieur: mure met egte sy bedek!

Doekrolwerk

Die derde lid van die staatmaker-driemanskap is net so eenvoudig as wat sy naam aandui. Ons het grootgeword met grys Formica-kombuiskaste, -tafels en -stoele – gekontrasteer met primêre rooi, geel en blou – wat almal die tekstuur van heeltemal egalige doekrolwerk gehad het. Een ding wat ons nooit doen nie, is om doekrolwerk met daardie kleure van die sestigerjare te demonstreer; iemand sal stellig "Formica!" gil. Maar die ware Jakob is oneindig mooier; hierdie tegniek leen hom tot verskillende kleure, kleursterktes, kontraste en teksture. As jy die seksie oor die twee verskillende kwaskamtegnieke gelees het, sal jy ook die aanrol- en afroltegniek van doekverfwerk verstaan.

DOEKROLWERK MET 'N WATERBASISGLASUUR

Totdat 'n stadigdroënde waterbasisglasuur in Suid-Afrika vervaardig word, sal alle waterbasis-doekrolwerk volgens die aanroltegniek gedoen moet word. Die glasuurmengsel behoort teen hierdie tyd reeds ou nuus te wees: een deel Glazecoat, een deel Polvin (PVA). Verf 'n muur met die agtergrondkleur van jou keuse. Frommel 'n taamlike groot, pluisvrye doek in 'n worsfatsoen op, maar moet dit nie styf oprol nie. Rol die doek deur 'n vlak plassie glasuur in 'n verfbak of emaljebord. Rol dit liggies oor 'n skoon vel koerantpapier om enige oortollige glasuur te verwyder. Toets ook die afdruk wat die doek gaan maak. Rol die doek min of meer diagonaal oor die muur. Werk stelselmatig en bedek die hele muur met onreëlmatige afdrukke. Frommel die doek van tyd tot tyd op 'n ander manier sodat jy nie 'n eindelose herhaling van dieselfde patroon kry nie. Opvallende herhalings, soos 'n groot vou in die doek, moet ook om dieselfde rede verander word. Gooi die doek weg sodra dit te deurweek raak en gebruik 'n ander een. Net soos met sponswerk kan jy die grondkleur oor enige ongewenste vlekke aanrol om hulle te verbloem. Druk die doek net liggies in hoeke waar jy dit nie kan rol nie. Probeer om nie die verf op aangrensende areas te smeer of te mors nie. 'n Kleiner doek kan dalk die oplossing wees.

Doekrolwerk met 'n oliebasisglasuur

Velvaglo halfglansemaljeverf is die beste grondlaag vir hierdie tegniek. Enige kleur is geskik, mits jy in gedagte hou dat die glasuur wat bo-oor aangewend gaan word 'n donkerder of dieper kleurtoon moet hê.

Jy het geen spesiale gereedskap nodig nie: kaasdoek, pluisvrye katoen of soortgelyke materiaal, 'n gewone verfkwas (50 mm of 75 mm), 'n bietjie olieglasuur en 'n bietjie basiese glasuur (sien *Kwaskamwerk met 'n oliebasisglasuur* op bladsy 126). Gebruik 'n stuk kaasdoek om 'n geringe hoeveelheid olieglasuur te vryf op die area wat eerste behandel gaan word. Hou in gedagte dat dit bloot 'n baie dun olielagie moet wees. Berei 'n gedeelte met 'n onreëlmatige fatsoen eerder as 'n volmaakte vierkant of reghoek. Verf 'n dun lagie glasuur oor die area. Die kwashale moet verwyder word, en die maklikste manier is om 'n stuk kaasdoek in 'n los kussinkie te rol en die glasuur daarmee glad te maak. 'n "Syfer agt"-beweging gevolg deur 'n sagte tik- en drukbeweging is doeltreffend. Nog 'n opsie is om die hele oppervlak met 'n stippelkwas te stippel om 'n eenvormige voorkoms te verkry. Uiteindelik kan die doek begin rol. Frommel en draai die katoendoek in 'n silindervorm. Rol hierdie klein worsie oor die glasuur, liefs skuins oor die oppervlak. Laat 'n nat rand waar die werk voortgesit gaan word. Vryf olieglasuur aan die volgende deel, bedek met glasuur en vermeng dit netjies met die nat rand. Volg weer die gladmaak- en doekrolprosedure. As jy 'n vriend kan oorreed om jou te help, is doekrolwerk vinnig en maklik. Onthou, netjies afgewerkte hoeke, 'n taamlik vaste hand en netjies skoongemaakte rande is alles tekens van voortreflike werk.

Deklae is vir geeneen van hierdie tegnieke nodig nie, maar as ekstra beskerming vereis word, kan die waterbasisoppervlak met twee of meer lae Glazecoat Gloss of Matt (Ref. 1125), bedek word. Oliebasisoppervlakke kan vernis word. Ons verkies Woodcoat poliuretaanvernis (Suede), en minstens twee lae is nodig. Indien die Suede (mat) nog te blink is, kan jy drie lae aanwend en elke laag eers kurkdroog laat word. Vryf dan die hele oppervlak liggies met baie fyn skuurpapier. Moenie ontsteld wees as jou pragtige handewerk dofwit word nie! 'n Laag goeie waspolitoer bring die kleur weer uit en verleen 'n lieflike, sagte patina nadat dit opgevryf is.

Poliuretaanverseëlaars vergeel soms mettertyd, en in die geval van blou of wit geverfde voorwerpe is dit rampspoedig. Vir sulke gevalle is daar 'n oliebasis-Glazecoat (Plascon CV82) wat 'n duursame afwerking verskaf. Dit is taamlik blink, maar jy kan die aanwysings hierbo volg om die glans te verdof.

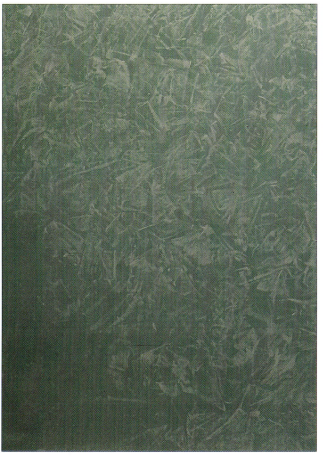

Die rooi kweekhuis

Wit gesaksmeerde mure was nie juis die regte agtergrond vir hierdie afgeleefde pot-plantafel, ou olieverfskildery en terracottapotte nie. Die rooibaksteenpakhuise wat van die begin van die eeu dateer, het ons nog altyd gefassineer; ons het dus besluit om rooi skakerings te gebruik om hierdie mure te verfraai. Verskeie glasuurlae het 'n besonderse diepte en glans geskep. Terracottateëls op die vloer, ou terracottapotte, gepatineerde mandjies en 'n "antieke" skildery dra by tot 'n stemmingsvolle interieur.

Die rooi kweekhuis: stap vir stap

1. Die hele muur, wat met wit Polvin (PVA) geverf was, is aanvanklik gevryf met 'n glasuurmengsel bestaande uit een deel Jumbunna Orange Polvin (T69-5 Plascon Computacolor) en twee dele Plascon waterbasis-Glazecoat Matt (REF. 1125). 'n Gewone badspons is gebruik. 'n Mens kan reeds in hierdie stadium na willekeur bakstene uitkies wat 'n dikker gla-suurlaag moet kry. Teen dié tyd is die algemene voorkoms baie vaal en oninteressant.

2. Herhaal die hele proses: wend soms meer donker glasuur op sommige bakstene aan en skep terselfdertyd nog 'n paar donker kolle. Sorg uit die staanspoor dat jy die glasuur netjies in al die hoekies en gaatjies inwerk en dat jy by die kroonlys baie noukeurig te werk gaan.

3. Die derde glasuurlaag bestaan uit 'n mengsel van een deel Polvin (PVA) Tennent Creek Orange (T69-7 Computacolor) en een deel Plascon waterbasis-Glazecoat Matt (REF. 1125). Dit word soos die vorige lae aangevryf, maar sonder om sekere bakstene te beklem-toon, en verskaf 'n dieper tint wat die hele muur soos 'n newellaag bedek en die kleur van die geaksentueerde bakstene versag. Die helderder rooi skyn pragtig deur van onder, maar kan in die hoeke of op geskikte plekke donkerder gemaak word om kontras en 'n interessante effek te skep. Die eindresultaat is 'n vertrek propvol atmosfeer. 'n Deklaag is onnodig, aangesien die Glazecoat die nodige taaiheid verskaf.

Bykomstighede

Die ietwat lendelam maar karaktervolle tafel het ons gekoop van 'n restoureerder wat op die punt was om dit te restoureer. Ons het dit skoongemaak en nou pryk dit in die kweekhuis, waar dit 'n "slonserig-elegante" voorkoms verleen! Ou plantpotte, strooi, swart verkleurde ou mandjies en ander kweekhuis- of tuinskuurartikels brei die tema verder uit. Die skildery in 'n eenvoudige swart raam teen die muur is 'n reproduksie wat onlangs volgens die naïewe styl geskilder is deur 'n Fransman wat in Egipte woon. Weerskante daarvan is twee gekrulde metaalskrae met hul oorspronklike swart verf en roes en beplant met klimop. Terracottavloer-teëls pas mooi by die rooi mure en is 'n prak-tiese, maar aantreklike oppervlak vir so 'n vertrek.

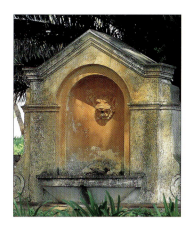

In landelike luim

Ons kan nie meer onthou hoe ons verbintenis met Constantia Uitsig ontstaan het nie. In ieder geval, ons is ontbied om hulle ontbytkamer te verf. Toe ons die eerste keer deur die bloekomlaning ry, kon ons reeds die rustige atmosfeer van hierdie hoekie van die Constantiavallei aanvoel. Bouers, plaaswerkers en tuinontwerpers was oral hard aan die werk, maar dit was asof alles 'n bestendige ritme volg – daar was geen koorsagtige, doellose gejaag nie.

*N*et ons mees gesofistikeerde en subtiele monsterborde is in oorweging geneem, en in oorleg met die eienaar het ons 'n reeks stemmige afwerkings geskep.

Die werk het eers later, toe die restaurant geopen is, werklik interessant begin word. Teen dié tyd was daar reeds 'n goeie verstandhouding tussen ons en die eienaar, en ons is ingelig aangaande die soort restaurant, die meubelstowwe, kleurvoorkeure en die omvang van die verfwerk wat nodig was. 'n Binneversierder en vriendin van die eienaar het 'n merkwaardige aanvoeling vir sowel haar vriend se voorkeure as die Constantia-omgewing aan die dag gelê. Die landelike atmosfeer was 'n uiters belangrike faktor en kon onder geen omstandighede verontagsaam word nie. Ons het deur die toegegroeide tuin gestap op soek na moontlike kleure en op 'n ou, verweerde fontein met 'n oker patina en groen moskolle afgekom … en siedaar, ons eerste kleure! Die aanvanklike verfwerk was in die nuut aangeboude kweekhuis van waar 'n mens kan uitkyk oor die wingerde en die berge wat teen die blou lug afgeëts staan. Die mure is op die Franse manier verouder met twee aanvryflae van 'n kleur uit die Internasionale Kleurkaart (Gold

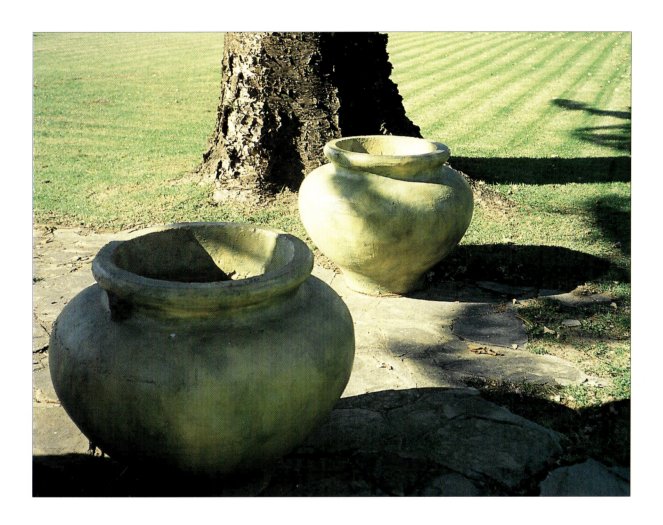

Pheasant 8-18D). 'n Swaar sementtafel is met dieselfde kleur behandel en plek-plek met groen (Internasionale Kleurkaart Sea Green 55-9U) gevryf om die lieflike ou fontein na te maak. Die eindresultaat was 'n rustige kombinasie van Franse, Engelse en Kaapse elemente.

Al hoe meer verfwerk het gevolg – altyd met die Gold Pheasant-kleurereeks as uitgangspunt. So is die kroeggedeelte sterk verouder met ryk bruin en rooi skakerings om die warm kleure van die houttoebehore aan te vul. 'n Sitkamer is met drie sagte aanvryflae behandel om 'n subtiele maar nogtans doeltreffende agtergrond vir Engelse blommotiewe, cerise en kaliko te skep. Die kaggel het mettertyd 'n bietjie gerook en 'n gesellige roetlagie op die skoorsteenmantel agtergelaat.

Selfs die tuin het nie vergete gebly nie: twee groot sementpotte wat met rooi stoepverf geverf was, pryk nou in afgeleefde "ou fontein"-glorie onder die Norfolk-denne. Dit is voorwaar 'n idilliese omgewing om in te werk, of net luilekker toe te kyk hoe die seisoene kom en gaan, die eikebome en wingerde groen word, die koring ryp word en die tuinmure verweer. Al dié kleure is binne herhaal om só die atmosfeer te skilder.

Middels

Die doel van dekoratiewe verfwerk is om met behulp van verskeie middels kleur op oppervlakke van pleister, hout, metaal, ens., aan te bring. Dié middels bestaan gewoonlik uit twee of meer komponente, waarvan die belangrikste pigmente en draers is. As 'n mens die draers se eienskappe ken, sal jy oplosmiddels of verdunners kan aanwend, waar en wanneer hulle ook al nodig is. 'n Deeglike begrip van hierdie drie elementêre komponente kan jou werk baie vergemaklik.

Pigmente

Kleur is 'n natuurlike verskynsel. Natuurlike pigmente of kleure het al so deel van ons lewe geword dat ons hulle kwalik raak sien: die rooi van beet, die swart van roet, die geel van klei, die ryk rooibruin van tee. Terwyl die ou Egiptenare hul eie pigmente moes maal en die pioniers hul eie tinters moes uitvind, is ons vandag bevoorreg om gebruiksklaar pigmente te kan koop. Baie daarvan is nog natuurlik, maar 'n breë spektrum van sintetiese pigmente (van wisselende gehalte!) is ook ontwikkel.

Suiwer poeierpigment is beskikbaar en wissel van sakkies geel oker, rooi en swart oksied deur Polycell en sogenaamde "skoolpoeierverf" of temperapoeiers, tot uiters verfynde kunsskilderspigmente wat slegs verkrygbaar is by spesialiteitswinkels wat skildergerei verkoop. Pigmente in vloeibare vorm word dikwels universele tinters genoem en word op groot skaal in dekoratiewe verfwerk gebruik.

Draers

Die draer of vloeibare deel van verf of glasuur dra die pigmente en ander bestanddele (soos hars, bindstowwe, oplosmiddels of uitdroërs). Al hierdie stowwe word dan byeengehou nadat dit oor die oppervlak versprei is.

Oplosmiddels

Die formules van pigmente en draers moet soms verdun, verplaas, weggegee of heeltemal verwyder word. Oplosmiddels word vir dié doeleindes gebruik.

Die heel eenvoudigste oplosmiddel is water, en ons gebruik dit met nat akrielverf (PVA) of selfs op 'n meer basiese manier met poeier- of "skool"-verf. Die meeste van ons weet hoe om kwaste met terpentyn of verfverdunner skoon te maak, terwyl die oplossingseienskappe van brandspiritus ook nie te versmaai is nie. Hierdie middels kan egter nie na willekeur gebruik word nie. Elke draer vereis sy eie oplosmiddel. Dit is noodsaaklik om eers die etiket op die verf- of glasuurblik noukeurig te lees of advies in te win voordat jy sommer enige oplosmiddel gebruik. Water verwyder nie olieverf nie!

Veiligheidshalwe moet jy onthou dat goeie ventilasie noodsaaklik vir die meeste verfwerk is. Wees veral versigtig wanneer jy met verdunners werk: bly weg van oop vlamme en moenie rook nie.

Wees deurentyd bedag op die middels wat jy gebruik – leer hul eienskappe ken sodat jy met hulle kan eksperimenteer. Sommige oplosmiddels kan 'n reaksie by sensitiewe mense veroorsaak: dra dus beskermende handskoene en maskers om aan die veilige kant te wees.

Glasure

Noudat ons die basiese samestelling van verf en glasuur verstaan, kan ons op besonderhede ingaan. 'n Kykie in die geskiedenis kan ons dalk help om die aard en gebruik van glasure in dekoratiewe verfwerk beter te begryp.

Ons is deesdae gewoond aan verf wat die maksimum strekvermoë het, geen kwasmerke laat nie en beskik oor wonderlike eienskappe wat deur die moderne wetenskap ontwikkel is. Mense moes in die verlede hul eie pigmente maak van stowwe soos vergruisde klip, groentesappe en bloed. Die draers het ook gewissel van eiergeel tot melk, vet en olie. Dit spreek dus vanself dat skilders hul middels baie deeglik moes ken; nogtans sien 'n mens nog ou geverfde oppervlakke met kwasmerke, onegalige kleur, en interessante krakies, afsplitsing en afskilfering.

Om vandag hierdie skilderagtige en fassinerende afwerkings te verkry, moet ons moderne verf aanpas om dit "onvolmaak" te maak, en glasure skep. Die aard van hierdie mengsels voorsien ons van deurskynende én ondeurskynende middels waarop blywende afdrukke gemaak kan word. Die glasuur moet vloeibaar genoeg wees sodat jy dit maklik kan manipuleer, maar moet nie teen vertikale oppervlakke afloop nie. Daarenteen moet dit taamlik dik wees, maar nie soos 'n pasta nie. 'n Vernis met 'n bietjie pigment daarby sal byvoorbeeld 'n gekleurde (opake) deurskynende afwerking gee, maar 'n mens kan nie interessante afdrukke daarop maak nie omdat dit te gou droog word.

Hou in gedagte dat daar 'n groot verskil tussen vernis en glasuur is; dit sal verwarring voorkom wanneer jy instruksies vertolk, en veral wanneer jy produkte koop.

Die Hollandse meesters het met olieglasure gewerk. Eers het hulle 'n helder, gelykmatige grondkleur op die doek aangebring en dan verskeie lae deurskynende kleurglasure gesuperponeer om diepte van kleur, vorm en dimensie te skep. Elke skool het sy eie glasure geformuleer, en daar is baie stories van geheime resepte wat van meester na leerling oorgedra is.

Olieglasure

Daar is verskeie resepte wat wissel van bloot gelyke hoeveelhede gaar lynolie en terpentyn (Engels: "megilp") tot ingewikkelde kombinasies wat olie, terpentyn, byewas, rytuigvernis, uitdroërs en selfs 'n bietjie witsel insluit. 'n Uitmuntende klaar gemengde olieglasuur – Plascon Scumble Glaze – is in die handel verkrygbaar; dit skakel alle eksperimentering en ontmoedigende mislukkings uit.

Waterglasure

'n Onderskeid moet tussen kleurkalk ("washes") en glasure getref word. Waar water as 'n middel gebruik word, of waar waterbasisverf of PVA-verf verdun word en in dié vorm gebruik word om 'n dun kleurlaag te skep, staan dit as kleurkalk bekend.

'n Glasuur is dikker en dra die pigment. Tot 'n paar jaar gelede moes ons sukkel met patente mengsels soos water, bier en pigment; water, asyn, suiker of vollersaarde en pigment. Hierdie mengsels verleen trouens nog steeds 'n spesiale voorkoms wat ons vir sekere effekte gebruik. 'n Moderne produk is weer eens beskikbaar wat as 'n basis vir 'n waterglasuur gebruik kan word (Plascon Glazecoat Gloss of Matt). Hierdie produk het baie bykomende gebruike, maar dit verg tyd om daarin gekonfyt te raak.

Gereedskap

Ons kan nie van ysterwarewinkels wegbly nie! Hoe ouer hulle is, hoe beter. Hoë rakke met blikke netjies in rye gerangskik, draai-uitstaleenhede met 'n bonte verskeidenheid kwaste, blikke vol sponse, rolle skuurpapier, rolle plastiekvelle, rolle kaasdoek … dis genoeg om jou heeltemal besluiteloos te maak!

Om die regte gereedskap vir dekoratiewe verfwerk bymekaar te kry, kan jou honderde rande uit die sak jaag, of feitlik niks nie. Toepaslike gereedskap sluit noodsaaklike benodigdhede in soos lappe, kaasdoek, sponse, papier, vere, ens. Vir sommige effekte het jy spesiale kwaste en rollers nodig, maar dié kan jy stuksgewys aanskaf. Duur en gesofistikeerde werktuie kan aanvanklik maklik deur goedkoop gereedskap vervang word. Jy kan dalk selfs geskikte toerusting ontdek wat beter as die gewone gereedskap is.

Kwaste

Kuns- en ysterwarewinkels verkoop 'n groot verskeidenheid van kwaste. Dit het verskillende groottes, vorms en hare en word natuurlik ook vir verskillende take aangewend. Hier volg 'n kort lysie van kwaste wat plaaslik beskikbaar is:

- Gewone plat verfkwaste van 20 mm, 50 mm en 75 mm.
- 'n Verskeidenheid van plat en ronde skildersvarkhaarkwaste.
- 'n Sagte 75 mm-varkhaarkwas ("jamb duster" of "hoghair softener"). Word gebruik vir stippelwerk op kleiner areas of vir kwaskamwerk.
- 'n Kamkwas. Die lang hare maak mooi strepe.
- 'n Blokstippelkwas, 75 mm x 100 mm. Word gebruik vir stippelwerk op groter areas.

- 'n Slaankwas ("flogger") vir houtgreinering of kwaskamwerk.
- Sagte dassiehaarkwaste ("badger-hair softeners"), 40 mm en 75 mm – vir versagting van marmerwerk.
- 'n Baie sagte Japannese waterverfkwas ("hak brush") wat in plaas van 'n dassiehaarkwas gebruik kan word.
- Sjabloonkwaste van verskillende deursneë.

Algemene gereedskap

- Natuurlike seesponse. Skaf sponse van verskillende groottes en teksture aan.
- Sintetiese badsponse. Koop dié met 'n growwe tekstuur by enige supermark.
- Greineerkamme van rubber.
- Geëmaljeerde blikborde, room – of enige ander effe kleur.
- Geëmaljeerde blikbekers.
- Maatkoppies (medisynemaathouers is geskik).
- Plastiek- of ou metaallepels.
- Vere vir marmerwerk of greinering.
- Skêr.
- Kunstenaars-, NT- of Stanley-messe – met ekstra lemme vir die wis en die onwis!
- Verfrollers en -bakke – die verfrollers vir waterbasisverf sowel as die kleineres vir oliebasisverf.
- Plastiekemmers – verskillende groottes.
- Kaasdoek – vir algemene skoonmaakwerk.
- Skoon lappe – verskillende teksture en weefpatrone is nuttig vir doekrolwerk.
- Skuurpapier – verskillende grade, veral 80-graad.
- Beskermende handskoene.
- Groot voorskote of oorpakke.
- Plastiek- of ander drupvelle.
- Maskeerband van verskillende breedtes.
- 'n Houthamer om verfblikke dig toe te maak.

Versorging van jou gereedskap

Om jou werkwinkel en gereedskap skoon en netjies te hou, is seker een van die lastigste aspekte van verfwerk. As jy egter eers vir jou 'n roetine uitgewerk het, word dit al hoe makliker.

Verwydering van waterbasismiddels

Gereedskap wat in waterbasismiddels soos emulsieverf gebruik is, moet onmiddellik na gebruik skoongemaak word. Was dit deeglik onder koue lopende water. As jy onderbreek word terwyl jy met verf- of sponswerk besig is, laat die kwas in water staan of plaas die spons in water totdat jy die werk kan hervat. Druk soveel water moontlik uit kwaste en sponse. Kwaste moet opgehang of plat neergelê word om droog te word. Indien hulle regop in flesse of blikke staan, word die metaaldele (beslagringe) vol water en verf wat die kwaste hard en onbruikbaar maak as dit daar droog word.

Verwydering van oliebasismiddels

Aangesien olie stadiger droog word, hoef jy die gereedskap nie onmiddellik skoon te maak nie. Maar dit beteken nie dat jy dit oornag kan laat lê nie! Olieverf of -glasuur aan gereedskap moet in terpentyn of Polycell Polyclens opgelos word: wikkel die kwas heen en weer in die verfkwasreiniger en druk dit uit. Spoel in koue water af. Herhaal die proses as daar nog te veel verf aan die kwas is. Dompel dan net die punt van die kwas in 'n bietjie Polyclens verfkwasreiniger en vryf die reiniger goed in die hare in. Spoel onder koue lopende water af. Dra plastiekhandskoene en sorg dat daar genoeg ventilasie is. Probeer om die reiniger nie in die beslagring te kry nie, want dit sal die hare losmaak. Moet dit ook nie op plastiekmateriaal gebruik nie.

Probeer om nie kwasreiniger op sagte dassiehaarkwaste en waterverfkwaste te gebruik nie. Gebruik liewer terpentyn om die glasuur op te los en af te spoel, en maak verder skoon met volop opwasmiddel en koue water. Dit klink dalk vreemd, maar ons dassiehaarkwaste word dikwels met sjampoe en 'n haaropknapper behandel; wat vir menshare goed is, moet tog ook vir dassiehare goed wees! Hou in gedagte dat hierdie kwaste teen motte beskerm moet word as hulle vir 'n lang tyd weggebêre gaan word.

Suid-Afrikaanse ekwivalente vir oorsese produkte

Dit is die reël eerder as die uitsondering dat verfkunstenaars met net die mees basiese toebehore begin, feitlik geen toepaslike gereedskap het nie en sommer direk uit die blik verf. As hulle boonop Engelse en Amerikaanse boeke oor die onderwerp lees en met vreemde terme en name gekonfronteer word, dra dit net tot hul verwarring by. Hopelik sal die volgende lys help om dinge in Suid-Afrikaanse perspektief te kry!

SUID-AFRIKAANSE TERME	OORSESE TERME	SUID-AFRIKAANSE TERME	OORSESE TERME
Belyningskwas ("lining brush")	Script liner brush	Staalwol	Wire wool
Brandspiritus	Denatured alcohol	Suiwer terpentyn	Mineral spirits
		Swaardbelyner ("sword liner")	Dagger, sword striper
Kaasdoek ("mutton cloth")	Stockinette	Terebienuitdroër	Siccative, driers ("terebine driers")
Kwaskamwerk ("dragging")	Strié		
Kwaslak ("knotting")	Shellac, knot sealer, button polish	Terpentyn	Paint thinner, white spirits
Mat	Flat, matte	Universele onderlaag	Primer, standard undercoat
Newelverglanser	Glaze medium ("scumble glaze")		
		Universele tinters ("universal stainers")	Tinting colours, colourizers
Olieglasuur ("film former")	Megilp		
Ontwerpersverf ("designer's colour")	Gouache		
		Wit houtlym	PVA
Oplosmiddel ("solvent")	Thinner	Vatplek ("key")	Tooth
PVA-emulsieverwe	Latex paints, emulsion paints	Vernis ("varnishing")	Finish coats, varnishing coats
Skuurpapier ("sandpaper")	Glasspaper	Velvaglo halfglansemalje	Alkyd, flat oil

Indeks

Anilienkleurmiddels 35
Are vir marmerwerk, inteken van 72
Asynskildering 23

Baksteenmure, verf van gesaksmeerde 25, 26, 85, 131
Barsafwerkings 15
Beige 21, 54
Beitse 35
Bladgoud 103, 105
Bleiking
    kunsmatige 55
    van hout 54
Blokstippelkwaste 139
Blou 25-7
Blou/groen 33-5
Blou/wit 29-31

Constantia Uitsig 133

Dassiehaarkwaste
    sagte 140
    skoonmaak van 140
Deklae
    vir oliebasisoppervlakke 128
    vir waterbasisoppervlakke 128
Doek-aanrolwerk 38
Doekrolwerk 127
    met 'n oliebasisglasuur 128
        gereedskap vir 128
        kleurkeuse vir 128
    met 'n waterbasisglasuur 127
Draers 136, 137, 138

Elegante dekor, skep van 'n 45

Fantasieafwerkings 15
Fantasiemarmerwerk 67, 68
Fries, sjablonering van 'n 118

Gebroke kleur 11
Gebrokekleurtegnieke 23, 123
Gelykmatige kleur 11
Gereedskap 139
    algemene 140
    versorging van 140
    vir doekrolwerk met 'n oliebasisglasuur 128
Glasure 23, 138
    grondlae vir 126
    olie- 138
    water- 138
Glasuring 11
Glasuur
    verouderings- 47
    vir houtgreinering, oliebasis- 57
Graniet, nabootsing van 124
Greinering 11
Groen 37-9
Grondlae vir alle glasure 126

Harmoniese kleure 20
Hoekies, afronding van 30, 43, 86, 124, 127
Hout
    bleiking van 54
    krakiesafwerking op geverfde 112
    met krakiesafwerking, vernis van 112

verweerde voorkoms vir geverfde 112
weergee van afgeskilferde verf op 112
Houtgreinering 23, 57, 126
Houtknoetse, behandeling van 34

Inspirasie, bronne van 13, 20

Kaasdoek vir sjablonering 119
Kamkwas 139
    maak jou eie 126
Karetwerk 95-7
    afronding van rande 97
    benodigdhede vir 96
Klatergoud 104, 105
Kleur
    gebroke 11
    gelykmatige 11
    -kalk 138
    -keuse vir doekrolwerk met 'n oliebasisglasuur 128
    -kontraste 20, 21
    -middels, anilien- 35
    -vermenging 19, 20
    -wiel 20
    -wysigings 22, 23
Kleure
    harmoniese 20
    keuse van 19, 20, 22
    primêre 17
    sekondêre 17
Klipafwerking 75-83
Knoetse in hout, behandeling van 34
Kontraste
    kleur- 20, 21

toon- 20
Kopergroen 89-93
   op metaal 92
   tekstuurkeuse vir 93
Krakeluur 51, 111-13
   porselein- 113
Krakiesafwerking 111-13
   op geverfde hout 112
Kroonlyste, verf van 38
Kruip ("cissing") 97
Kunsskilderspigmente 137
Kwaskamwerk 125
   met 'n oliebasisglasuur 126
   met 'n waterbasisglasuur 125
   met 'n waterbasisglasuur, kleurkeuse vir 125
Kwaste 139
   droogmaak van 140
Kweekhuis, die rooi 131

Landelike atmosfeer, skep van 'n 33, 41
Lapis lazuli 107-9
   waterbasisglasuur vir 108
Leeragtige voorkoms, ryk rooi 45

Malagiet 99-101
   glasuur vir 101
   werktuig vir 101
Marmerglasuur 71
Marmerpanele
   afmeet van 68
   rame vir 72
Marmerwerk 11, 67
   fantasie- 67, 68
   gereedskap vir 71
   op meubels 69
Maskeerband, minder klewerige 76
Materiaal, sjablonering van 51
Middels 136
   natuurlike 23

Monsterborde, tekstuurlaag vir 64

Natuurlike middels 23
Natuurlike pigmente 23
Newelkleuring 26, 50

Oker 41-3
Oliebasis-sponswerk 124
Oliebasisglasuur
   doekrolwerk met 'n 128
   kwaskamwerk met 'n 126
   vir houtgreinering 57
Oliebasismiddels, verwydering van 140
Olieglasuur 71, 126, 138
Oorsese produkte, ekwivalente vir 141
Oplosmiddels 136, 137

Perkamentsjabloon 118
Pigmente 22, 136, 137, 138
   kunsskilders- 137
   natuurlike 23, 137
   poeier- 23, 137
   sintetiese 137
   vloeibare 137
Poeierpigmente 23
Porseleinkrakeluur 113
Primêre kleure 17

Romantiese interieur, skep van 'n 59, 60
Rooi 45-7
Rooi kweekhuis, die 131
Rottang, beits van 35
Ru-sy-effek, skep van 'n 126

Sekondêre kleure 17
Sjablone, uitsny van 119
Sjabloneerwerktuie 119
Sjablonering 115-121
   met kaasdoek 119
   van materiaal 51
Sjabloon
   -kaart, maak van geoliede 117
   -kwaste 119, 140
   -materiaal 118
   -ontwerpe, geskikte 119
   -perkament 118
Skakerings 17
Skildersvarkhaarkwaste 139
Slaankwaste 140
Sponswerk 42, 122
   gereedskap vir 122
   kleurkeuse vir 122
   met 'n oliebasis 124
Stippelwerk 72
Strandatmosfeer, skep van 'n 29
Strepe, verf van 30
Swart en wit 63-5

Tegnieke, keuse van 20
Tekstuur 21
   -skema, skep van 'n 37
Temperapoeiers 137
Terracotta 49, 50
   meng van 50
Tinte 17
Tinters, universele 22, 137
Tong-en-groef-plankmuur, verf van 'n 34
Toonkontraste 20
Tuintoneel, skep van 'n 115, 116

Universele tinters 22, 137

Varkhaarkwaste, sagte 139
Verdunners 136
Verfkwasreiniger 140
Verfkwaste 139
Verftegnieke 11, 122-130
Vergulding 103-5
   benodigdhede vir 104
Vernis 55, 57, 138
   van hout met krakiesaf-
      werking 112
   van sjabloonmotiewe 119
Veroudering 26, 54, 85-6

van mure (Franse manier)
   134
Verouderingsglasuur 47
Verouderingsmengsel 112
Verweerde voorkoms vir
   geverfde hout 112
Vloere
   bleiking van 55, 57
   verseëlaars vir 57
Vloerlyste, verf van 38
Vloerteëls, verf van 80
Vryfwerk 86

Waterbasisglasuur
   doekrolwerk met 'n 127
   kwaskamwerk met 'n 125
   vir lapis lazuli 108
Waterbasismiddels, ver-
   wydering van 140
Waterglasure 138
Waterverfkwaste, sagte
   Japannese 140
   skoonmaak van 140